T0131830

essentials

essentials liefern aktuelles Wissen in konzentrierter Form. Die Essenz dessen, worauf es als „State-of-the-Art" in der gegenwärtigen Fachdiskussion oder in der Praxis ankommt. *essentials* informieren schnell, unkompliziert und verständlich

- als Einführung in ein aktuelles Thema aus Ihrem Fachgebiet
- als Einstieg in ein für Sie noch unbekanntes Themenfeld
- als Einblick, um zum Thema mitreden zu können

Die Bücher in elektronischer und gedruckter Form bringen das Fachwissen von Springerautor*innen kompakt zur Darstellung. Sie sind besonders für die Nutzung als eBook auf Tablet-PCs, eBook-Readern und Smartphones geeignet. *essentials* sind Wissensbausteine aus den Wirtschafts-, Sozial- und Geisteswissenschaften, aus Technik und Naturwissenschaften sowie aus Medizin, Psychologie und Gesundheitsberufen. Von renommierten Autor*innen aller Springer-Verlagsmarken.

Weitere Bände in der Reihe http://www.springer.com/series/13088

Michael Kleinjohann

Marketingkommunikation mit Out-of-Home-Medien

Planung, Einsatz und Wirkung von Außen- und Verkehrsmittelwerbung

Michael Kleinjohann
ISM International School of Management GmbH
Köln, Deutschland

ISSN 2197-6708   ISSN 2197-6716 (electronic)
essentials
ISBN 978-3-658-35502-9   ISBN 978-3-658-35503-6 (eBook)
https://doi.org/10.1007/978-3-658-35503-6

Die Deutsche Nationalbibliothek verzeichnet diese Publikation in der Deutschen Nationalbiblio-
grafie; detaillierte bibliografische Daten sind im Internet über http://dnb.d-nb.de abrufbar.

Planung/Lektorat: Imke Sander
Springer Gabler ist ein Imprint der eingetragenen Gesellschaft Springer Fachmedien Wiesbaden
GmbH und ist ein Teil von Springer Nature.
Die Anschrift der Gesellschaft ist: Abraham-Lincoln-Str. 46, 65189 Wiesbaden, Germany

Was Sie in diesem *essential* finden können

- Ziele, Wirkungen und Praxisbeispiele von Out-of-Home-Kommunikation
- Charakteristika klassischer und digitaler Außen-, Verkehrsmittel- und Ambientwerbung
- Beschreibungen der stationären, mobilen und temporären Einsatzorte von Out-of-Home-Medien

Vorwort

„Außenwerbung trifft. Jeden." Der Slogan der Gattungskampagne des Fachverbandes FAW bringt den Unique Selling Proposition von Außenwerbung im Instrumentarium der Marketingkommunikation auf den Punkt: Außenwerbung ist, ebenso wie Verkehrsmittelwerbung („Out of Home", „OOH"), im öffentlichen Raum ubiquitär, unübersehbar und bietet damit werbungtreibenden Unternehmen effiziente Reichweiten in der Kommunikation mit ihren Zielgruppen. Insbesondere digitale Out-of-Home-Werbung („Digital Out of Home", „DOOH") sorgt für effiziente, flexible und kurzfristige Planbarkeit von multimedialen Kampagnen entlang der Customer Journey. Denn die gewachsene und weiter zunehmende Mobilität von Konsumenten verlangt von Unternehmen auf allen Kommunikations- und Vertriebskanälen aktiv und präsent zu sein („Omnichannelmarketing"). Die Marketingkommunikation für Produkte und Dienstleistungen verlagert sich damit grundsätzlich immer mehr in den öffentlichen Raum. Potenzielle Kunden sollten daher nicht nur mit Printanzeigen, TV-, Radio- und Kinospots oder Internetbannern *„zu Hause"* angesprochen werden, sondern auch im urbanen Raum, an Plätzen und Verkehrsadern („Plakatwerbung"), in Bussen und Bahnen („Verkehrsmittelwerbung") oder in Restaurants oder Fitnessstudios („Ambiente Werbung") adressiert werden. Denn Konsumenten kommen *„out of home"* täglich, wiederholt, kurzzeitig oder länger mit Werbung in Kontakt: während des Umsteigens von einem in das andere öffentliche Verkehrsmittel, beim Halten mit dem Auto, Motorrad oder Fahrrad im Berufsverkehr, auf der Fahrt mit Auto, Bus, S-/U-/Stadt- oder Straßenbahn, beim Aufenthalt an Autobahnraststätten, während des Wartens am Flughafengate oder während Bahnfahrten, Restaurantbesuchen oder des Trainings im Sportstudio.

Das essential „Marketingkommunikation mit Out-of-Home-Werbung" bietet einen grundlegenden Überblick über die Planung, den Einsatz, die Möglichkeiten und die Wirkung von Außen-, Verkehrsmittel- und Ambientwerbung als physische und digitale Plakate, stationäre und mobile Installationen sowie visuelle zwei- und dreidimensionale Inszenierungen im öffentlichen Raum.

Köln   Michael Kleinjohann
im Juni 2021

Inhaltsverzeichnis

Der Autor

Prof. Dr. Michael Kleinjohann ist Professor und Studiengangsleiter Marketing & Communications Management an der International School of Management sowie Inhaber der Agentur freshmademedia publishing & consulting.

Marketing und Mobilität

1

Neben Individualisierung, Globalisierung und New Work zählen Digitalisierung, Konnektivität und Mobilität zu den Megatrends der Gegenwart, die sowohl für eine Post-Corona-Zukunft als auch die Gesellschaft prägend sind. Global und grundlegend, langsam und langfristig wirken Megatrends als „Tiefenströmungen des Wandels" auf jeden Einzelnen und umfassen die Gesellschaft gesamtheitlich (Zukunftsinstitut, 2021). Politik, Kultur und Wissenschaft werden von diesen Konstanten ebenso beeinflusst wie Wirtschaft, Marketing und Kommunikation. Insbesondere die grundlegende Digitalisierung und permanente Konnektivität von Kommunikation und Konsum sind, wie die tägliche und individuelle Mobilität von Konsumenten für das strategische wie operative Marketing von Unternehmen (z. B. im Omnichannelmarketing, Mobile Marketing), relevante Faktoren für den wirtschaftlichen Erfolg. Vor dem Hintergrund, dass vor allem durch die digitale Konnektivität Zielgruppen *„always online"* und kanalübergreifend agieren, verschmilzt die klassische Trennung von stationärem und mobilem Handel zu einem Multi- und Omnichannelmarketing. Dabei fusionieren bislang getrennt erlebte physische Offline- und digitale Online-Welten zu einem *„real-digitalen noline"*-Konsum- und Kommunikationskosmos (Kreutzer, 2019, S. 10; Zukunftsinstitut, 2021).

1.1 Mobilität

Die Bedeutung von Mobilität für Individuen, Unternehmen und Gesellschaft zeigten und zeigen die gesellschaftlichen und wirtschaftlichen Lockdowns in der COVID-19-Pandemie in den Jahren 2020/2021. So führten in Deutschland die verhängten Ausgangs- und Kontaktbeschränkungen im ersten Lockdown 2020

M. Kleinjohann, *Marketingkommunikation mit Out-of-Home-Medien*, essentials, https://doi.org/10.1007/978-3-658-35503-6_1

zu einem über 30-%igem Rückgang der Out-of-Home-Mobilität im öffentlichen Raum (WallDecaux, 2020). Die außerhäuslichen Bewegungen zu Fuß, mit dem Fahrrad, Motorrad, E-Scooter, Automobil, LKW, mit Bussen, S-/U-Bahnen und Zügen sanken dabei in urbanen Zentren wie im regionalen und nationalen Distanz-verkehr gegenüber der dynamischen und multimodalen Vor-Corona-Situation.

Die Quantitäten und Frequenzen der Mobilität in Normalzeiten zeigen auf, wie relevant Out-of-Home-Raum und -Zeit für das Marketing von Unternehmen und die Marketingkommunikation mit Konsumenten sind: So gehen in Deutschland an einem durchschnittlichen Tag 85 % aller Personen aus dem Haus; durchschnitt-lich werden pro Tag eine Stunde und 20 min für das Zurücklegen von Wegen aufgewendet. Hochgerechnet auf die Gesamtbevölkerung werden an einem Durch-schnittstag in Deutschland 257 Mio. Wege als Verkehrsaufkommen und 3,2 Mrd. Kilometer als Verkehrsleistung zurückgelegt (Bundesministerium für Verkehr und digitale Infrastruktur [BMVudI], 2019a, S. 3). Insbesondere die urbane Mobilität ist ausgeprägt: Menschen in Metropolen sind im Durchschnitt eine Viertelstunde pro Tag länger unterwegs als Personen im ländlichen Raum. Und trotz kurzer Tagesstrecken von durchschnittlich 37 km pro Person und einem hohen Anteil an Wegen mit dem öffentlichen Personen Nahverkehr (ÖPNV), legen Bewoh-ner von Großstädten durchschnittlich immerhin 22 km pro Tag mit dem Auto zurück (BMVudI,, 2019a, S. 4). Denn 50 % der Deutschen ab 16 Jahren nutzen täglich bzw. fast täglich das Auto, 41 % gehen zu Fuß, 17 % fahren mit dem Rad und 13 % sind Passagiere im ÖPNV (BMVudI,, 2018, S. 3). Individuelle wie gesellschaftliche Mobilität differenziert sich in berufsbedingte Bewegungen (z. B. Wege zum und vom Arbeitsplatz, Transport) und mobiles Verhalten in der Freizeit aus privaten Gründen (z. B. Shopping, Besuch von Freunden, Wege zum Sport/Fitness) – so sind 27 % aller Wege und 38 % aller zurückgelegten Kilome-ter durch den Beruf verursacht (BMVudI,, 2018, S. 13). An Werktagen entfallen zwei Drittel der Gesamtverkehrsleistung von Erwerbstätigen auf die berufsbe-dingte Mobilität, die sich zur Hälfte auf die Wege zwischen Arbeitsplatz und zu Hause und auf Wegen und Reisen zur Ausübung des Berufs verteilt (BMVudI, 2019a, S. 6).

Die hochfrequentierten Verkehrswege und des ÖPNV sowie deren direkt benachbarten Flächen in den Städten und auf dem Land stellen während der Warte- und Transitzeiten ganzjährige kommunikative Touchpoints dar (Görland, 2020). Ebenso bieten Immobilien des öffentlichen und privaten Verkehrs (z. B. Eisenbahnbahnhöfe, Bus- und Straßenbahnhaltestellen, U-/S-Bahnstationen, Park-häuser, Raststätten, Flughäfen) in Transitzeiten von Konsumenten Möglichkeiten zur Kommunikation von Unternehmen mit ihren Zielgruppen. Insbesondere im ÖPNV sind Haltestellen von U-Bahnen (z. B. Berlin mit 196, Frankfurt 157 und München mit 150 Stellen) und Stadtbahnen (z. B. Stuttgart mit 362, Köln mit 351 und Düsseldorf mit 324 Stellen) auch kommunizierende stationäre Kontaktpunkte zwischen werbenden Unternehmen und potenziellen Kunden (Statista, 2019a, S. 41). Mobile, für werbliche Kommunikation einsetzbare Touchpoints vor allem im innerstädtischen Bereich, stellen auch Taxis dar: Deutschlandweit sorgen insgesamt 20.932 Taxenbetriebe mit 53.302 Taxis als Dienstleister nicht nur für individuellen Personenverkehr, sondern bieten mit ihren Fahrzeugen auch mobile Werbeträger (z. B. in Berlin mit 8.138 Taxis, München mit 3.336 Taxis, Hamburg mit 3171 Taxis) für Werbungtreibende (Bundesverband Taxi und Mietwagen, 2019, S. 108 f.).

1.2 Mehrkanaliges Marketing

Neben der veränderten und gewachsenen Mobilität und der damit verbundenen Herausforderung, sich außer Haus bewegende Konsumenten während ihrer Mobilität kommunikativ zu erreichen, steht Marketing für Produkte und Dienstleistungen vor weiteren Herausforderungen:

- Verschärfter Wettbewerb in allen Branchen durch erhöhtes Produktangebot (z. B. Standardisierung, Mass Customization), verursacht durch gesättigte Märkte bei gleichzeitiger Globalisierung
- Wachsende Digitalisierung von Produkten und Prozessen (z. B. digitales, mobiles Banking) mit neuen Geschäftsmodellen unter Ein-/Ausschaltung von Zwischenhändlern und Meta- oder Spezialplattformen zur Produktvermarktung
- Heterogene, fragmentierte und nicht durch klassische massenmediale Kommunikation erreichbare Verbrauchergruppen (z. B. Generation Z, Zapper, Gamer)
- Sich dynamisch verändernde Konsumentenmärkte aufgrund von schnell wechselndem und differenziertem Verbraucherverhalten (z. B. nachhaltiger Konsum, Fast Fashion, E-Commerce)
- Veränderte Mediennutzung und Kommunikation aufgrund von differenziertem Freizeitverhalten, erhöhtem Informationsangebot und digitalen Kommunikationsmöglichkeiten durch mobiles und schnelles Internet (z. B. mit Daten- und Telefonie-Flatrates) und weitgehende WLAN-Ubiquität, mobile Kommunikationstechnik und Anwendungssoftware (z. B. Smartphones, Apps, Voice Bots), konsumfreundliche Audio- und Bewegtbild-Streamingdienste (z. B. Spotify, Netflix), digitale Buchungs-, Matching-, Liefer-, Miet-, Banking- und Payment-Services (z. B. Airbnb, Lieferando, Parship, Share Now, N26,

PayPal) sowie interaktive Social-Media-Dienste, Kommunikationsservices und Publishingplattformen (z. B. Instagram, WhatsApp, YouTube).

Unter Beachtung dieser Faktoren stehen Unternehmen vor der Herausforderung, ihre Produkte und Leistungsangebote möglichst *„anywhere, anytime"* vertrieblich erhältlich anzubieten und dies auch entsprechend zu kommunizieren. „Mehrkanal-Marketing" vermarktet und kommuniziert deshalb Produkte und Services in vielen, möglichst allen Vertriebs- und Kommunikationskanälen jederzeit. Strategisches Ziel dieses mehrdimensionalen Marketings ist es, Konsumenten auf ihrer individuellen und potenziellen „Customer Journey" mit ihren wechselnden „Routen", unterschiedlichen „Stationen" und variierenden Zeiten stets umfassend und positiv mit Angeboten zu begegnen.

Als Weiterentwicklung des Einkanal-Vertriebes bedient sich **„Multichannel-Marketing"** mehrerer Handels- und Kommunikationskanäle. So sind z. B. zwei der Vermarktungswege der stationäre Handel und der Onlinehandel (Bruhn, 2019a, S. 266; Swoboda et al., 2019, S. 2012; Wirtz, 2013). Mindestens diese beiden, aber auch weitere Kanäle, werden dann mit gleichem Marketing miteinander kombiniert. Dabei sind Interaktionen und Transaktionen aber nicht integriert möglich: Jeder Kunde wird in der Regel nur von einem Absatz- und Werbekanal angesprochen und erreicht. Der Kunde kann die Interaktion bzw. Transaktion nur bedingt beeinflussen. Auch im **„Cross-Channel-Marketing"** nutzen Unternehmen mehrere Kanäle, die aber in Erweiterung des Multichannel-Modells strategisch zusammengedacht werden und der Wechsel von Kunden im Kommunikations- und Kaufprozess quer über mehrere Kanäle ermöglicht wird. Im **„Omnichannel-Marketing"** wird ein fließender Übergang zwischen allen Marketingkanälen so ermöglicht, dass der Kunde diesen Transfer idealerweise kaum bemerkt. Der Verbraucher nimmt die mehrkanalige Kommunikation, Interaktion und Transaktion zwischen dem Unternehmen und ihm aufgrund der allumfassenden Interaktion der Kanäle als einen einzigen und ganzheitlichen Prozess wahr (Mehn & Wirtz, 2018, S. 6 ff.; Swoboda et al., 2019, S. 220).

In allen mehrkanaligen Marketingstrategien gilt es insbesondere, die Konsumenten- und Kommunikationsreise der Zielgruppe so zu prognostizieren, zu identifizieren oder zu konstruieren, dass geräte- und kanalübergreifend Verbraucher auf ihrer Customer Journey ohne Wechselbrüche mit dem Unternehmen interagieren, kommunizieren oder transagieren können (Esch & Knörle, 2016, S. 123). Vom ersten bis zum letzten Kontakt zwischen Unternehmen und Konsument sollte die Integration von Produkten und Prozessen, digitalen und physischen Kaufkanälen und stationärer und mobiler Kommunikation permanent durchdekliniert werden (Mehn & Wirtz, 2018, S. 9; Rittinger, 2014; Wirtz,

2013). Insbesondere ein nahtloses Omnichannelmarketing stellt den Kunden vor, während und nach dem Kauf in den Mittelpunkt des Marketings und der Marketingkommunikation: Vom ersten Entdecken einer Marke durch Werbung (z. B. in TV-Spots, auf Plakaten, auf Printanzeigen) und die Recherche von Details (z. B. zu Hause am Laptop, unterwegs mit dem Smartphone), über den Kaufabschluss (z. B. im Ladengeschäft, in der App, im Webshop) bis zur Abwicklung (z. B. Abholung im Geschäft, Zustellung durch Lieferdienst, Click & Collect) mit anschließender Kundenbindung (z. B. durch Service-Mail, Rabattgutschein für Folgekauf, Bewertungsbitte). Dabei gilt es einerseits in einem konsistenten Kommunikationskontinuum mit den Konsumenten grundsätzlich Kontakt aufzubauen und zu halten. Andererseits sollten Unternehmen besonders relevante, effektive oder effiziente Kontaktpunkte mit den Adressaten identifizieren, konstruieren und entsprechend modellieren. (Mehn & Wirtz, 2018, S. 10; von Gizycki & Elias, 2018).

„Touchpoints" in den Kanälen können physische sein wie der stationäre Point of Sale, digitale wie ein Google-Suchergebnis im Internet oder konkrete wie die Nutzung des Produktes oder Services durch den Kunden. An jedem dieser Touchpoints im Kommunikations-, Kauf- oder Nutzungsprozess können Kunden sich für oder gegen eine Marke entscheiden. Während und nach der Kaufentscheidung ist daher jeder Moment der Kundenreise ein wichtiger „Augenblick der Wahrheit" (*„moments of truth"*) (Lafley, 2006, S. 8; Google, 2021). Der Erfolg von erfolgreichem Multi-, Cross- oder Omnichannelmarketing liegt darin, den richtigen Kanal zum richtigen Moment für den richtigen Kunden am richtigen Ort kommunikativ zu bespielen. Es gilt, Zielgruppen in jeglichen Situationen ihrer Customer Journey durch Marketingkommunikation zu adressieren – stationär wie mobil.

1.3 Mobile Marketing

Im klassischen Verständnis beinhaltet „Mobile Marketing" alle Marketing- und Marketingkommunikationsmaßnahmen, die Unternehmen auf mobilen Endgeräten (z. B. Smartphones, Tablets) als technische Kommunikationsträger oder Transaktionsplattformen einsetzen, um mit Konsumenten zu interagieren und sie zu beeinflussen. Mobile Marketing und Mobile Marketingkommunikation bestehen aus der mobilen Übermittlung von Informationen (z. B. Display-Werbung, In-App-Ads, Social Media), mobilen Gewinnung von Informationen (z. B. Umfragen, Bewegungsdaten) und „M-Commerce" in Form von mobilem Verkauf, mobiler Zahlung und mobiler Auslieferung von digitalen Produkten und Dienstleistungen (z. B. Games, Apps) sowie mobilem Verkauf und mobiler Bezahlung von realen Produkten und Dienstleistungen (z. B. Bahn-, Park-, Flug-Tickets) (Kotler et al., 2019, S. 72; Kreutzer, 2019, S. 149; Rieber, 2017). Mit Mobile Marketing können potenzielle Kunden jederzeit mit digitaler Kommunikation adressiert werden, nicht nur in ihrer Wohnumgebung oder am Arbeitsplatz, sondern insbesondere unterwegs im öffentlichen Raum oder in Retailshops vor oder im Point of Sale (Wächter, 2016). Durch die digitale Technik sind damit Konsumenten räumlich wie zeitlich überall und immer persönlich und individuell in Echtzeit für das Marketing erreichbar. Immerhin nutzte 2020 über die Hälfte von Online-Shoppern ein Smartphone zum Einkauf im Internet. „81 % der 16- bis 29-Jährigen gehen mit ihrem Smartphone auf Shoppingtour, bei den 30- bis 49-Jährigen setzen 62 %, bei den 50- bis 64-Jährigen noch 36 % auf das mobile Shopping-Erlebnis" (bitkom, 2020, S. 13). Die ständige Verfügbarkeit der *„mobile devices"* und die große Beliebtheit von „Mobile Shopping" bei Konsumenten, die Lokalisierbarkeit der Geräte und damit der werblichen Adressaten sowie die Personalisierbarkeit der Kommunikation qualifizieren Mobile Marketing als ein Instrument für Marketing im öffentlichen Raum.

Insbesondere im standortbezogenen Marketing ist zwei- oder mehrseitige digitale mobile Marketingkommunikation singulär und in Kombination mit physischen Kommunikationsträgern von Vorteil. So können neben digitaler Displaywerbung bei mobiler Nutzung von Webseiten auch unterschiedliche geosensitive und kontextbezogene digitale Targetingtechnologien eingesetzt werden, um mobile Zielgruppen effektiv vor Ort in einer „Pushstrategie" oder „Pullstrategie" zu adressieren (Rieber, 2017, S. 87; Stafflage, 2015, S. 14).

Technologische Elemente einer Pushstrategie können sein:

- **„Location-Based Services (LBS)"**, die den aktuellen geographischen Aufenthaltsort des Konsumenten bei aktivierter „Global Positioning System (GPS)"-Funktion des Smartphones hausnummerngenau identifizieren und es ermöglichen, mit Zielgruppen lokal und situativ relevant digital zu kommunizieren (z. B. via Push-Nachrichten, Coupons) (Kreutzer, 2019, S. 148; Rieber, 2017, S. 88).
- **„iBeacons"** ermöglichen die gezielte Kommunikation (z. B. Einblendung von Produktwerbung, Weghinweise durch das Ladengeschäft auf Smartphones am Point of Sale (Rieber, 2017, S. 91).
- **„Near Field Communication" (NFC)**-Technologie funktioniert ähnlich wie die WLAN/WiFi-Technologie drahtlos über Funkwellen („RFID") auch auf kürzere Distanz bis maximal vier Meter Entfernung. NFC-Tags werden in

Zahlkarten, Produkten und Geräten sowie auch in „Smart Postern" einge-
baut, die als intelligente Werbeplakate mit dem Konsumenten kommunizieren
(Rieber, 2017, S. 93).

Technologische Elemente einer Pullstrategie können sein:

- „QR-Codes".(„Quick Response"-Codes) kommunizieren in geographisch kurzer Distanz auf stationären (z. B. Schaufensterscheiben, Plakate an Bushal-
  testellen, Hinweisschildern) oder mobilen Flächen (z. B. Heckflächen von
  Bussen, LKW-Planen, Aufklebern) und lenken auf Landingpages (z. B. mit
  Gewinnspielen, Rabattcoupons) oder Corporate Websites (z. B. mit Produktinformationen, Webshop) (Rieber, 2017, S. 92).
- „Augmented Reality" als computerunterstützte Darstellung und Wahrnehmung der Realität findet auch im Out-of-Home-Bereich zunehmend Anwendung (z. B. IKEA Place, adidas Out of Home-Kampagne für Sneaker „Deerupt
  (WallDecaux, n. d., S. 55).

„Mobile" Marketing kann in einem nicht nur digitalen Verständnis auch als
physische Marketingkommunikation mit mobilen Zielgruppen, die außerhalb
ihres Zuhauses oder Arbeitsplatzes im öffentlichen Raum mobil unterwegs
sind, definiert werden. Denn physische und digitale Außen-, Verkehrsmittel-
oder Ambientwerbung adressieren als Out-of-Home-Marketingkommunikation
mobile Konsumenten ebenso wie (digitales) Mobile Marketing. Um effiziente
und effektive Impulse bei Produktsuche und Kaufaktivierung von „*Verbrauchern
in Bewegung*" zu setzen, ist es notwendig, alle Instrumente strategisch, systematisch und konsistent miteinander kombiniert in der Marketingkommunikation
einzusetzen.

1.4   Marketingkommunikation

Um ein inhaltlich, optisch und zeitlich höchstmöglich homogenes Bild von Produkt und Marke zu kommunizieren, bedarf es einer umfassenden Koordination der
stationären und mobilen mehrkanaligen Marketingkommunikationsaktivitäten, bei
der Kontinuität, Konsistenz und notwendige Einheitlichkeit abgestimmt werden.
Die Integration der Marketingkommunikation erfolgt neben der inhaltlichen in
einer formalen und zeitlichen Form. Mit Botschaften, die mit Werbeträgern einheitlich in Argumenten, Sprache, Slogans und Bildern transportiert werden, wird
die Kommunikation thematisch abgestimmt und inhaltlich integriert. Durch die

Definition von Gestaltungsprinzipien und ihrer einheitlichen Verwendung im Sinn eines „Corporate Designs" (z. B. Markenlogo, Typografie, Farben) wird die Werbebotschaft formal integriert; mithilfe eines abgestimmten Timings des Einsatzes der Werbeträger, Werbemittel und Werbeaussagen zu den gewählten Werbezeiten wird eine zeitliche Integration und ein kommunikationsprozessuale Einheitlichkeit gewährleistet (Boenigk & Dopf, 2012; Bruhn, 2019a, S. 251; Esch, 2019, S. 909; Fuchs und Unger, 2014, S. 15; Kotler et al., 2019, S. 657; Meffert et al., 2018, S. 637; Tomczak et al., 2014).

In einer Marketingkommunikation, die die Konsumenten auf ihrer Customer Journey an allen Touchpoints zu allen Zeiten mit allen Sinnen erreicht, kommt der operativen Auswahl der Werbeträger und ihrem crossmedialen Miteinander im Transport der Stimuli eine strategisch wichtige Rolle zu. Aufgrund der Individualität der Konsumenten und der jeweiligen Customer Journey verfolgt die Bestimmung des Mediamix im Rahmen der inhaltlichen Werbestrategie im Einklang mit dem Werbebudget das Ziel, über möglichst viele Medien die Zielgruppe mit möglichst hoher Reichweite und intensiver Kontaktdichte effektiv zu erreichen. Bei gleichzeitigem Einsatz mehrerer Mediengattungen gilt es, alle Träger dieser Cross-Media-Kommunikation wirkungsvoll zu vernetzten, miteinander abzustimmen und aufeinander hinweisen zu lassen (Beyer, 2020; Bruhn, 2019a, S. 51; Gelbrich et al., 2018, S. 209; Holland & Wengerter, 2012; Marx, 2012, S. 15; Riemscha & Siegert, 2015, S. 125; Schweiger, 2016). Die Auswahl der für die crossmediale Kommunikation von Produkten und ihren Themen geeigneten Werbeträgern, erfordert im ersten Schritt eine Inter- und Intramediaselektion. In der Intermediawahl werden aus dem Gesamtangebot von Werbeträgern jene Mediengattungen (z. B. Print, TV, OOH) ausgewählt, die am besten geeignet sind, die Werbestrategie umzusetzen. Zu den Kriterien der Intermediaselektion gehören z. B. die Funktion für den Nutzer und die Nutzungssituation, die Erscheinungsweise, die zeitliche Verfügbarkeit, die quantitative und qualitative Reichweite sowie die Produktionskosten der Werbemittelträgergattung. Die Intramediaselektion legt im Folgeschritt innerhalb der jeweiligen Mediengattung fest, welche einzelnen Werbeinstrumente einer Kosten-Nutzen-Ratio (z. B. Tausend-Kontakt-Preis) zwischen Mediaschaltkosten und Nutzen in Form von Reichweite und Kontaktdichte folgend die effizientesten sind. Zu den Auswahlkriterien der Intramediaselektion gehören z. B. die Reichweite des jeweiligen Mediums im Vergleich zu den anderen Werbeträgern der Gattung, die Glaubwürdigkeit, das Image und das redaktionelle Umfeld als Fit zum beworbenen Produkt und zur Zielgruppe, die Mediakosten sowie die zeitliche Verfügbarkeit des Mediums für die Kommunikationskampagne. (Bruhn, 2016, S. 217; Fuchs & Unger, 2014, S. 157; Gelbrich et al., 2018, S. 207–210; Helm, 2009; S. 446).

Auch zeitlich und geographisch gilt es, die werblichen Kommunikationsinstrumente entsprechend der Gesamtwerbestrategie und der Werbeziele abzustimmen. Das Timing der Werbekampagne und die Verteilung der Werbung sowie der zeitlichen Abfolge der Kommunikationsträger im Marketing hängt vom Lebenszyklus (z. B. Markteinführung, Wachstum, Reife, Sättigung und Degeneration) des beworbenen Produktes ab (Bruhn, 2019a, S. 68; Gelbrich et al., 2018, S. 75; Huber, 2016, S. 143; Kotler et al., 2019, S. 716; Scharf et al., 2015, S. 390 ff.). Entsprechend sind Werbemedien und ihr Einsatz nach Zeitraum, Dauer und Häufigkeit sowie Niveau des Werbedruckes zu planen und einzusetzen. Zu unterscheiden ist ein Werbeträgereinsatz auf gleichbleibendem, mit ansteigendem, abfallendem oder wechselndem Werbedruckniveau, der wiederum zeitlich langandauernd kontinuierlich, mehrfach unterbrochen oder kurzeitig konzentriert sein kann. So ist ein zu bestimmten Zeiten im Jahr ausgeübter Werbedruck passend und parallel zur saisonalen Nutzung des Produkts („seasonal") ebenso möglich wie eine pulsierende Kampagne, bei der sich hoher und niedriger Werbedruck abwechseln („pulsing") oder ein sehr hoher punktueller Werbedruck („flighting") zum schnellen Reichweitenaufbau, wenn viele Kontakte notwendig sind (Fuchs & Unger, 2014, S. 161; Kotler et al., 2019, S. 718; Kotler et al., 2017, S. 741).

Neben der zeitlichen Planung der Werbung entsprechend des Produktlebenszyklus, gilt es in der Werbestrategie den geographischen Einzugsbereich der Kampagne festzulegen (Meffert et al., 2018, S. 637). Der räumliche Fokus der Mediawerbung kann unterschieden werden in globale, nationale, regionale und lokale Einzugsbereiche. Faktoren, die die Mediaplanung in ihrer räumlichen Ausgestaltung beeinflussen sind u. a. das geographische Absatzpotential für das beworbene Produkte (z. B. nach Nielsengebieten, Bundesländern, Kaufkraft), die Priorität von geographischen Räumen (z. B. bei einem phasenversetzten Rollout in Rahmen von Produkteinführungen), die zeitlich limitierte, geographische Unterstützung von Produkten (z. B. in Urlaubsgebieten, zu Testzwecken) sowie die Konzentration auf Werbeaktionen, die den regionalen oder lokalen Einzelhandel gezielt unterstützten (z. B. durch Anzeigen in lokalen Tageszeitungen, Hörfunkspots in lokalen Radiosendern, Außenwerbung in innerstädtischen Bereichen). Entscheidend für die Werbeträgerauswahl im mobilen und stationären Kommunikationsmix sind die Anzahl und die Relevanz der Kontaktpunkte zwischen Unternehmen, Produkt und Konsument. Diese „Customer Touchpoints" lassen sich identifizieren, differenzieren und managen nach den Orten, Strecken, Zeitpunkten und Situationen, auf denen sich der Konsument auf seiner Customer Journey befindet (Esch et al., 2019; Meffert et al., 2018, S. 126; Schüller, 2015, 2016; Schulte & Schwarz, 2019, S. 44). Im „Customer Touchpoint Management" gilt es grundsätzlich, jene effizienten Kundenkontakte und relevanten Zeitpunkte zu erkennen, die den größten Erfolg versprechen. Unter speziellen Marketingkommunikationsaspekten sind allgemeine „Customer Touchpoints" auch immer konkrete „Communication Touchpoints", an denen Unternehmen marken-, kunden- und situativspezifisch ihre Produkte an die Zielgruppe adressieren können (Heun, 2017, S. 36; Scharf et al., 2015, S. 384).

Indirekte Customer Touchpoints (z. B. Außenwerbung, TV, Radio) und direkte Customer Touchpoints (z. B. Social Media, E-Mail, Callcenter) sollten systematisch, differenziert und priorisiert nach Ort und Zeit der Kommunikation geplant und realisiert werden (Schulte & Schwarz, 2019, S. 151). Eine effiziente und effektive Konsumentenansprache auf der „Customer Journey" erfolgt in einer ganzheitlichen Synchronisation der grundsätzlich inhaltlich konsistenten Werbebotschaften unter räumlichen und zeitlichen Aspekten: Konsumenten sollten medial ebenso zu Hause (z. B. durch TV-, Print- oder Onlinewerbung) wie mobil unterwegs (z. B. durch Verkehrsmittelwerbung oder Mobile Marketing) angesprochen werden und zeitlich permanent über ihren Tagesablauf (z. B. morgens auf dem Weg zur Arbeit durch Plakate, tagsüber während der Arbeit durch Radiowerbung, abends im Fitnessstudio durch Ambientwerbung).

Out-of-Home-Marketingkommunikation

2

Im Quartett des Marketingmix aus *„product, price, place, promotion"* ist das Phänomen „Out of Home"-Kommunikation mit seinen Ausprägungen ein Subinstrument der werblichen Kommunikationspolitik (Werbung, Mediawerbung, Marketingkommunikation, Produktkommunikation) von Unternehmen (Bruhn, 2019a, S. 9, b, S. 205; Huber, 2016, S. 201; Kuß & Kleinaltenkamp, 2020, S. 209; Kotler et al., 2017, S. 28, 2019, S. 963; Scharf et al., 2015, S. 383). Häufig werden Outdoor-, Außen-, Plakat-, Licht-, Leucht-, Ambient-, Transportmedien- und Verkehrsmittelwerbung synonym für die umfassendere und treffendere Bezeichnung „Out of Home"-Marketingkommunikation verwendet (Hoffsäss und Engel 2003, S. 348; Homburg, 2020, S. 876; Meffert et al., 2018, S. 665; Scharf et al., 2015, S. 437; Voeth & Herbst, 2013, S. 487). OOH-Medien wirken in einem grundsätzlich jedem Konsumenten zugänglichen öffentlichen Raum, außerhalb von Arbeitsstätte und Wohnraum (*„home"*) werblich auf Menschen ein. Die Kommunikationsträger dieser Werbung sind stationär angebracht (z. B. an oder in Gebäuden, Brücken, Säulen, Vitrinen, Masten, Pylonen) oder mobil unterwegs (z. B. auf oder in Bussen, U-/S-Bahnen, Taxis, LKW). OOH-Medien treten physisch farbig gedruckt, geklebt, geklemmt oder aufgestellt (z. B. als Plakat, Aufkleber, Postkarte, Aufsteller, Warentrenner) oder digital projiziert (DOOH) (z. B. auf LED-Displays, Screens, Monitore, Projektionsflächen) auf; sie sind unbeleuchtet (z. B. als Papierplakat, Bodenkleber), mit mehreren Lichtquellen ganzflächig durch- oder mit einer Lichtquelle beleuchtet (z. B. in Vitrinen, Stelen). Die formale Werbebotschaft von OOH-Kommunikation besteht in der Regel aus einer Kombination von werbeträgerspezifischen Modalitäten wie mehrfarbigen Text-, Grafik- oder Stand- und Bewegtbild- und Ton-Elementen.

© Der/die Autor(en), exklusiv lizenziert durch Springer Fachmedien Wiesbaden GmbH, ein Teil von Springer Nature 2021
M. Kleinjohann, *Marketingkommunikation mit Out-of-Home-Medien*, essentials,
https://doi.org/10.1007/978-3-658-35503-6_2

2.1   Strategische Ziele von OOH-Kommunikation

Als Einzelmedium oder im Rahmen einer crossmedialen Werbekampagne eingesetzt, verfolgt die Werbung mit OOH-Medien die grundsätzlichen psychologischen und ökonomischen Ziele der werblichen Kommunikationspolitik: Konsumenten kognitiv, affektiv und konativ zu beeinflussen und für Absatz von
Produkten und Umsatz für Unternehmen zu sorgen. Spezifisch ist das Ziel
von Außenwerbung, anvisierte mobile Zielgruppen außerhalb ihrer Wohn- und
Arbeitsplatzsituation (z. B. Wohnung, Haus, Arbeitsstätte) zu erreichen und mit
ihnen während ihrer konkreten mobilen Customer Journey an relevanten Touchpoints effizient zu kommunizieren. Aufgrund der medienspezifischen Eigenarten
der Außenwerbeträger sind weitere Ziele von OOH-Kommunikation budgetad-
äquaten Werbedruck innerhalb kurzer Zeit zu erzeugen und potenzielle Kunden
geographisch präzise gesteuert vor dem oder im Point of Sale an Produkte zu
erinnern (Bruhn, 2019a, S. 179, b, S. 213; Huber, 2016, S. 206; Scharf et al.,
2015, S. 425; Scheuch, 2007, S. 251; Voeth & Herbst, 2013, S. 477).

Stationäre, mobile und temporäre OOH-Werbeträger sollen dafür sorgen, dass
Adressaten auf das Angebot eines Unternehmens aufmerksam werden und dieses wahrnehmen, dessen Produkt oder Dienstleistung kennen und dadurch Wissen
über deren Vorteile bei Kauf, Konsum oder Nutzung entsteht. Aufmerksamkeitser-
regende Plakate oder „Digital City-Light-Poster" sollen durch ihr multi-visuelles
Erleben bewirken, dass beim Verbraucher ein emotionales Image der Marke
oder des spezifischen Angebotes des werbungtreibenden Unternehmens entsteht.
Potenzielle Kunden sollen eine affektiv positive Einstellung zum Werbeobjekt
entwickeln; dieses soll sich durch OOH-Werbung festigen. Konsumenten sollen durch Außenwerbung in konativer Zieldimension motiviert werden, sich aktiv
über das Angebot zu informieren sowie final Produkte erstmalig oder wiederholt
zu kaufen oder Dienstleistungen entsprechend in Anspruch zu nehmen.

Diese psychologischen und ökonomischen Wirkungen der Kommunikationspolitik mit Außenwerbung können direkter und indirekter, kurzfristiger und mittel-
bzw. langfristiger sowie monologischer und dialogischer Natur sein (Bruhn,
2019a, S. 213; Kloss, 2012, Abb. 2.1.; Scharf et al., 2015, S. 389): Produktneuein-
führungen können plakativ und aktuell zum Verkaufsstart bekannt gemacht (z. B.
„*NEU – jetzt im Kühlregal*") und Preisangebote zum momentanen Abverkauf auf-
merksamkeitserregend und impulsgebend (z. B. „*Jetzt 20 % Einführungsrabatt
sichern*") mit Außenwerbeträgern kommuniziert werden. Indirekt kann physische und digitale OOH-Werbung durch ihre Omnipräsenz in der Außerhaussphäre
von Konsumenten ein positives Image aufbauen oder stabilisieren. Aus kurzfristi-
gen Probe- oder spontanen Einmalkäufern können treue Stammkunden generiert
werden. Außen- und Verkehrsmittelwerbung kann ebenso Produkte und Dienstleistungen einkanalig kommunizieren und präsentieren (z. B. „*Neues Modell mit
noch mehr Features*") wie Konsumenten zu Dialog und Interaktion (z. B. „*Jetzt
mit QR-Code gewinnen*") mit dem werbungtreibenden Unternehmen motivieren.

Die inhaltliche Ausgestaltung und das optische Design der Werbestrategie ori-
entieren sich an den kommunikationspolitischen Zielen. Mit OOH-Werbemedien
werden theoretisch und idealtypisch unterscheidbar, in der Praxis häufig miteinander kombiniert, überlappend oder integriert, Strategien zur Bekanntma-
chung, Information, Imageprofilierung, Konkurrenzabgrenzung, Zielgruppener-
schließung, Kontaktanbahnung und Beziehungspflege umgesetzt (Bruhn, 2019a,
S. 222, b, S. 219).

2.2 Wirkung von OOH-Werbung

Die Wirkung und Effizienz insbesondere von Außenwerbung wurde, auch im
Mediamix mit anderen Werbeträgern wie TV- und Radiospots oder Printanzeigen, in unterschiedlichen Forschungsdesigns periodisch, grundsätzlich und an
konkreten Fallbeispielen untersucht und bestätigt. So werden im Rahmen der
unabhängigen Allmedia-Studie agma (Arbeitsgemeinschaft Media-Analyse e. V.)
seit 2007 jährlich bundesweit die Kontakt- und Reichweitenwerte von Außenwerbeträgern anhand der Stammdaten von 280.000 Großflächen, Mega-Light-
Postern/City-Light-Boards, Digitalen Mega-Lights/City-Light-Bords, Ganzsäulen,
Allgemeinstellen, City-Light-Postern und Digitalen City-Light-Postern analysiert.
Im Rahmen der agma-Daten ist Außenwerbung damit in einem crossmedia-
len Medienportfolio vergleichbar und planbar mit Radio/Audio, TV, Internet,
Zeitschriften, Wochenzeitungen, Abo- und Kaufzeitungen (agma, n. d.). Der
Branchenfachverband Außenwerbung e. V. (FAW) erforscht seit 2015 jedes

Jahr in mehreren Marktforschungswellen OOH-Kampagnen mit dem Fokus auf Wahrnehmung und Relevanz von stationärer Außenwerbung und mobiler Verkehrsmittelwerbung im öffentlichen Raum, am Point of Sale und im ÖPNV. Über alle Studien hinweg belegen übereinstimmende Ergebnisse und Erkenntnisse die Bedeutung und Wirkung mobiler und stationärer OOH-Marketingkommunikation (FAW, 2018, 2019, 2020a, b):

- **Reichweite**
  50 bis 80 % der Befragten kommt täglich, zum großen Teil mehrmals, mit OOH-Werbeträgern in Kontakt.
- **Wahrnehmung**
  Über 80 % der Befragten fällt Außen-, Verkehrsmittel- oder Ambientwerbung auf; OOH-Werbung erzeugt bei ihnen Aufmerksamkeit.
- **Beurteilung**
  Außenwerbung, Werbung im oder am Point of Sale und Werbung an und in Bussen, Bahnen und Taxis wird als positiv, informativ, nicht störend, das Stadtbild wegen ihrer Kreativität belebend und sympathisch angesehen.
- **Aktivierung**
  Werbung mit physischen und digitalen Plakaten am oder im Umfeld des Point of Sale animieren Konsumenten, sich zu informieren, erhöht die Absicht, Produkte zu kaufen und motiviert, Produkte zu testen und sie zu kaufen.
- **Nachhaltigkeit**
  OOH-Werbung wirkt nicht nur spontan aktivierend, sondern auch nachhaltig bis zu drei Wochen nach Schaltung.
- **Verstärkung**
  Außenwerbung in crossmedialer Kombination mit anderen Werbeträgern erhöht in erheblichem Maße den Abverkauf von Produkten und Dienstleistungen. Werbliche Kommunikation über OOH-Medien wirkt verstärkend auf die Online-Suchanfragen von Konsumenten.
- **Bekanntheit**
  Neueinführungen von Produkten oder Dienstleistungen mit noch geringer Bekanntheit haben einen überdurchschnittlichen Nutzen von Außenwerbung mit einer Steigerung der Aufmerksamkeit. OOH-Kampagnen wirken unterschiedlich in Abhängigkeit von der schon vorhandenen Bekanntheit der beworbenen Marke und vom eingesetzten Mediabudget.

2.3 Vorteile und Nachteile von OOH-Kommunikation

OOH-Marketingkommunikation als Außen- und Verkehrswerbung ist charakterisiert von folgenden Vor- und Nachteilen (Gelbrich et al., 2018, S. 208; Meffert et al., 2018; S. 699; Kuß & Kleinaltenkamp, 2020, S. 231; Voeth & Herbst, 2013, S. 488):

Vorteile

- Große Reichweite aufgrund von bundesweit flächendeckender Verbreitung insbesondere in Städten
- Hohe Kontaktdichte aufgrund von Platzierung der Werbeelemente an hochfrequentierten Plätzen oder Verkehrslinien
- Differenzierte und exakte geographische Selektion von Werbestandorten zur Adressierung lokaler, regionaler oder nationaler Zielgruppen (Hausnummer, Bushaltestelle, Innenstadt, Ausfallstraßen, Autobahnen) mit Reduzierung von Streuverlusten
- Zeitliche differenzierte Aussteuerung im Rahmen von Kommunikationskampagnen durch Dauer, Belegungszeiträume (365 Tage, Dekaden, Wochen, Tage, Tageszeiten, Sekunden)
- Aufmerksamkeitsstarke Kommunikationsmöglichkeit aufgrund visueller Prominenz der Werbeelemente durch Formatgröße, Farbigkeit, Beleuchtung und Beweglichkeit
- Unmittelbarkeit der Marketingkommunikation und Erreichbarkeit der Adressaten mit Werbemitteln ohne aktive Zuwendung der Zielgruppe ("Unübersehbarkeit" und "Nicht-Ausschaltbarkeit" der Werbung)
- Bundesweit einheitlich standardisierte Formate (Bogenteile nach DIN-Norm 476) bei gleichzeitiger Individualisierbarkeit der Werbemittel
- Hohe Wirtschaftlichkeit durch niedrige Kosten pro Kontakte im Vergleich mit anderen Marketingkommunikationsinstrumenten
- Crossmediale Kombinierbarkeit der OOH-Werbung mit anderen Kommunikationsformen
- Permanente, ganzjährige "24/7"-Präsenz der Werbekommunikation
- Zeitliche und räumliche Nähe zu physischen Points-of-Sale
- Hohe Akzeptanz von OOH und DOOH als Werbemedien bei Zielgruppen
- Großes Portfolio an stationären (z. B. Litfaßsäulen, City-Light-Poster) und mobilen (Verkehrsmittel) Werbeträgern im öffentlichen Raum
- Große Vielzahl und Vielfalt von Ambientmedien, die in Räumlichkeiten (z. Arztpraxen, Restaurants, Fitnessstudios) werben

Nachteile

- Sehr kurze und häufig extrem flüchtige Wahrnehmung
- Nichteignung für Darstellung detaillierter Produkteigenschaften und komplexer Inhalte
- Vermittlung nur weniger Informationen aufgrund geringer Kontaktdauer
- Ausrichtung auf speziellere Zielgruppen kaum möglich
- Fehlende redaktionelle Verknüpfung der Werbebotschaft
- Umfeld der Werbung schwer zu kontrollieren

2.4   Charakteristika von OOH-Kommunikation

Im intermedialen Markt der deutschen Werbeträger nimmt das Segment Out of Home mit einem Bruttoumsatz von 2.29.79.930,00 € und einem Marktanteil von 6,7 % nach TV (46,6 %), Print (21,4 %), Online (11,6 %) und DirectMail (8 %) vor Radio (5,5 %) und Kino (0,1 %) den sechsten Rang ein. Im 5- und 10-Jahresvergleich zeichnet sich Out of-Home-Werbung mit einem Zuwachs von 34,2 % gegenüber 2015 und 136,4 % gegenüber 2010 als eines der dynamisch wachsenden Werbemarktsegmente Deutschlands aus (Winter, 2021, S. 27). Der Markt der Außen- und Verkehrsmittelwerbung ist von großer Vielzahl und Vielfalt von Anbietern, Trägern, Formen und Formaten der Werbemedien geprägt. In der Außenwerbung standen 2020 insgesamt stationäre 288.817 Werbeflächen bzw. Werbestellen deutschlandweit zur Verfügung, wovon 153.578 Großflächen (53 %) und 90.282 City-Light-Poster (CLP) (31 %) den größten Anteil einnahmen (Winter, 2021, S. 29). Über den Zeitraum von 20 Jahren ist seit 2000 die Gesamtzahl der stationären physischen und digitalen Plakatflächen und Stellen von 382.589 um rund 90.000 (-24 %) gesunken (FAW, 2020a). Das für Werbung auch mit Videos zur Verfügung stehende digitale Medieninventar (DOOH) hatte 2020 ein Bestand von über 100.000 Screens in unterschiedlichen Größen und Formaten, die in Bahnhöfen, U-/S-Bahnstationen, Flughäfen oder Shopping-Centern installiert sind (FAW 2021). Größter Anbieter von klassischen und digitalen Werbestellen 2020 ist Ströer mit einem Marktanteil von 42 % (121.967 Stellen) vor awk (49.787 Stellen), Plakatunion (35.505 Stellen), Wall/DSM (34.979 Stellen) und Schwarz (27.328 Stellen) (Winter, 2021, S. 29).

Das nicht quantifizierbare Portfolio der Verkehrsmittelwerbung bietet mobile Werbeträger wie Bussen, Taxis und S-/U-/Stadt- und Straßenbahnen sowie Züge, die Werbung innen wie außen transportieren und so mobile Kommunikationstouchpoints zwischen Fahrgästen, anderen Straßenverkehrsteilnehmern und

Passanten mit werbungtreibenden Unternehmen herstellen. Das Segment der Ambientmedien bietet rund 60 unterschiedliche Werbeträger (z. B. Postkarten, Bierdeckel, WC-Plakate) an rund 50 verschiedenen Touchpoints (z. B. Restaurants, Bars, Kinos, Tankstellen, Fitness- oder Sonnenstudios mit potenziellen Konsumenten (FAM, 2018).

Werbeträger und Werbemittel
Analog zur grundsätzlichen Differenzierung zwischen Kommunikationsträgern und Kommunikationsmitteln lassen sich auch Werbeträger und Werbemittel in der Außenwerbung unterscheiden (Bruhn, 2019a, S. 7; Bruhn, 2019b, S. 212; Huber, 2016, S. 211; Siegert & Brecheis, 2017, S. 11). Werbeträger sind stationäre bauliche Vorrichtungen (z. B. Wände, Tafeln, Rahmen), Objekte (z. B. Vitrinen, Säulen, Stelen, Türme) oder mobile Fahrzeuge (z. B. Taxis, LKWs, Busse, Bahne, Züge), an oder in denen physische oder digitale Werbemittel angebracht sind (Schloßbauer, 1998, S. 14 und 97). Werbemittel können gedruckte Plakate, bedruckte Folien, aufgebrachte Beschriftungen sowie projizierende LCD-, HD- und UHD-Bildschirme, Screens und Monitore sein. Die Werbemittel werden je nach Art und Format angeklebt, angeheftet und angeklemmt, sind un-, be-, durch- oder hinterleuchtet oder übertragen digital Stand- und Bewegtbilder (z. B. Fotos, Videos, Grafiken).

Werbeflächen, Werbestellen und Werbestandorte
Werbeflächen sind Flächen oder dreidimensionale Plattformen in horizontalen oder vertikalen Formaten, auf die ein oder mehrere Werbemittel (z. B. ein Plakat, vier Monitore) angebracht werden. Als Werbestelle wird in der Regel ein physisch und stationär aufgestellter Werbeträger („Stelle") für Plakate bezeichnet, unabhängig wie viele Werbeflächen an ihm vorhanden oder von Werbungtreibenden faktisch genutzt werden (Schloßberger, 1998, S. 15). Der Werbestandort ist der geographisch eindeutig festgelegte Platz, an dem als Einzelstandort ein Werbeträger platziert ist oder als Mehrfachstandort mehrere Werbeträger stehen. Die genaue Lokalisierung von Werbestandorten (z. B. an belebten Kreuzungen oder vor Supermärkten) und ihre exklusive Nutzung durch einen Werbungtreibenden oder mehrfache Nutzung durch unterschiedliche Unternehmen, sind Auswahlkriterien der Mediaplanung für die angestrebte Werbewirkung bzw. die potenzielle Erreichbarkeit der adressierten Zielgruppe (Schloßberger, 1998, S. 16). Da zwei- oder dreidimensionale Werbestellen als ortsfeste Einrichtungen gelten und zudem im öffentlichen Raum sichtbar sind, bedarf es im Regelfall einer behördlichen Genehmigung der Installation. Außenwerbung darf juristisch daher nur an genehmigten „offiziellen" Werbeanlagen publiziert werden, die von OOH-Vermarktern gemietet oder gepachtet werden.

Werbeformate

Grundsätzlich sind die Werbeflächen der physischen Außenwerbung nach DIN-Formaten ausgerichtet; das Grundmaß ist das DIN-A1-Format (59 cm breit × 84 cm hoch). Da wegen der beabsichtigten Fernwirkung Plakate in deutlich größeren Breite- und Höhenmaßen genutzt werden, orientiert sich die Außenwerbebranche an „Bogen" in unterschiedlichen Quer- und Hochformaten, die auf dem DIN-A1-Format basieren. So wird ein 4/1-Bogenplakat („Vier-Eintel") aus vier 1/1 Bögen im Format DIN A1 zusammengesetzt; ein Werbemotiv verläuft dabei über alle vier Bögen. Eine Litfaßsäule oder Allgemeinstelle kann entsprechend mit 4, 6 bzw. 8 Bögen beklebt sein. Das größte Plakatstandardformat, die weitverbreitete „Großfläche", besteht aus 18 Bögen a DIN A 1 und wird dementsprechend auch als „18/1" („Achtzehn-Eintel") bezeichnet. Digitale Werbeträger wie das City-Light-Poster haben ein ähnliches Format, das sich jedoch in seinen detaillierten Maßen (120 cm breit × 1676 cm hoch) unterscheidet und deswegen nicht als „4/1" bezeichnet wird (Crossvertise, 2020; Hofe & Rost, 2005, S. 34; Schloßberger, 1998, S. 16 f.). In der Verkehrsmittelwerbung hängt die Formatgröße individuell vom Fahrzeug und der Positionierung ab und variiert von Fahrzeugtyp zu Fahrzeugtyp.

Werbezeiten

Physische Außenwerbeträger werden mit Zeiträumen (Tagen, Wochen, Dekaden, 14 Tage) und Startterminen, digitale Werbespots mit Zeiträumen, Spotlängen (5–30 s) und Frequenzen (Wiederholungen, Loops, Rotationen) zeitlich geplant, gebucht und eingesetzt. Typisch für den Markt der physischen Außenwerbung ist die Belegung der Werbeträger in „Dekaden"; dabei wird das chronologische Jahr in insgesamt 34 Dekaden unterteilt. Diese Dekaden umfassen im Wechsel einen Zeitraum von jeweils 10 und 11 Tagen, zum Jahreswechsel zwei Phasen von 14 Tagen. Aus abwicklungsorganisatorischen Gründen des Plakatwechsels vor Ort wird eine Dekade in drei Klebeblocks (A, B und C) mit um drei bis vier Tage versetzten Startterminen unterteilt (Hofe & Rost, 2005, S. 26; Schloßberger, 1998, S. 17).

Werbemediaplanung

Stationäre physische und digitale Außenwerbeträger können aufgrund der fixen geographischen Allokation an einer Adresse von einer hausnummerngenauen Platzierung bis hin zu einer national kompletten Flächenabdeckung geplant, gebucht und eingesetzt werden. Aus dieser geographischen Auswahl, aber auch in Kombination mit soziodemographischen, verhaltens- und nutzungsbezogenen Kriterien der anvisierten Konsumenschaft, können Anzahl und Standorte geographisch flächendeckend gestreut oder konzentriert an einem Ort entsprechend der Außenwerbestrategie des Werbungtreibenden festgelegt werden. Mit der detaillierten

Standortauswahl und werblichen Ansprache bestimmter Zielgruppen (z. B. Flughafennutzer, Supermarktkäufer, Berufspendler) ist eine feinabgestimmte Mediaplanung aus Reichweite und Kontaktdichte möglich, die einen effizienten Werbedruck schafft (Hofe und Rost 2005, S. 18; Schloßberger, 1998, S. 63).

Werbereichweite und Zielgruppenfrequenz
Mithilfe des „Frequenzatlas für Deutschland" ist es möglich, Anzahl und Art der Nutzer von Verkehrswegen auf der Basis von rund 140.000 standortbezogenen Frequenzzählungen für einzelne Straßenabschnitte in Form der durchschnittlichen Anzahl von Passanten pro Stunde nahezu punkt- und sekundengenau zu ermitteln. Konsumenten können als Kraftfahrzeuginsassen, Fußgänger und Fahrgäste im ÖPNV identifiziert und Kontaktmöglichkeiten, -frequenzen und -mengen mit stationären Werbeträgern im öffentlichen Raum prognostiziert werden. Mit weiteren Informationen (z. B. Bevölkerungsdichte, Straßenkategorien, Anzahl von „Points of Interest (POI)" wie Bahnhöfe, Museen, Messehallen, öffentliche Gebäude, Geschäfte oder Restaurants) validiert, bietet der „Frequenzatlas" eine operative Planungsbasis für Marketingkommunikation mit Out-of-Home-Medien (FAW, 2021).

Werbeträgerwährung
Der Indikator für die Leistungsmessung von Plakatwerbung ist der „Plakatseher pro Stelle (PpS")" als Bruttokontaktsumme eines Außenwerbeträgers oder Plakatwerbeträgernetzes im Belegungszeitraum. Dabei wird die „sichtbarkeitsgewichtete" Passagefrequenz einer Plakatstelle anhand der GPS-Messung über einen Zeitraum von sieben Tagen ermittelt und ergänzend über Telefoninterviews abgefragt. Mit dem PpS ist innerhalb der Intermedia-Studie agma ein crossmedialer Leistungsvergleich mit Werbung im Hörfunk („Hörer pro durchschnittliche ¼ Stunde"), Fernsehen („mindestens 7 s Werbung in der ½ Stunde gesehen") und Print („Leser pro werbeführende Seite") möglich (FAW, 2013, S. 6).

Werbebuchung
Die Buchung von physischen und digitalen Werbeträgern nach geographischen Kriterien einzeln, regional, überregional sowie national und in Kombination nach soziodemographischen Merkmalen der adressierten Konsumenten, ermöglichen lokale, regionale und nationale OOH-Vermarkter. Sie vermieten Werbeträger, -flächen, -stellen und -standorte in vordefinierten sogenannten Ganz-, Teil- und Exklusivnetzen. Die Buchung von lokalen und subregionalen Verkehrsmittelwerbeträgern erfolgt in der Regel über die städtischen oder regionalen Betreiber; die

Buchung nationaler Verkehrsmittelwerbung nehmen nationale OOH-Vermarkter als Dienstleister vor.

Werbekosten

Die Kosten für OOH-Werbung hängen entsprechend von der Anzahl und Relevanz der Werbestandorte bzw. Werbeflächen, der Werbeformatgröße und der Werbezeiten ab. Bei Großflächen variieren die Preise zwischen 8 € und 55 € pro Tag und Fläche, bei City-Light-Boards/Mega Lights zwischen 45 € und 155 € pro Tag und Fläche (Crossvertise, 2020). Eine Großflächenbelegung in fünf Städten mit mehr als 700.000 Einwohnern mit rund 3000 Werbeflächen kostet z. B. pro Dekade rund 700.000 € brutto. Ein bundesweit ausgestrahlter Zehn-Sekunden-Spot (z. B. auf Infoscreens, Mall-Videomonitoren oder Digital City-Light-Postern) liegt pro Woche bei einem Gesamtbudget zwischen 250.000 € und 280.000 € (Weischer Media, 2021).

Stationäre Einsatzorte von Out-of-Home-Kommunikation

3

In Nachbarschaft und an Haltestellen entlang der Verkehrslinien von Zügen, Bahnen und Bussen, Automobilen und Flugzeugen, adressieren stationäre Werbeträger Botschaften an Konsumenten auf ihrer Customer Journey im täglichen Verkehr. Kinos, Kneipen, Bars, Restaurants, Hotels oder Sportstätten stellen werblich attraktive Kommunikationsorte mit Konsumenten in ihrem nativen Ambiente dar wie ebenso Werbeträger direkt am oder im Point of Sale wie Supermärkte und Einkaufscenter, die in deren unmittelbarer Nachbarschaft wirkungsvoll auf der letzten Meile der Kaufentscheidung kommunizieren.

3.1 Stadt und Land

Die hochfrequentierten und omnipräsenten Linien, Plätze und Kreuzungen des Schienen- und Straßenverkehrs sowie dessen benachbarten Flächen in Städten und auf dem Land stellen ganzjährig kommunikative Touchpoints zwischen Verbrauchern und Unternehmen dar. Ebenso bieten die Immobilien im öffentlichen und privaten Verkehr wie Eisenbahnbahnhöfe, Bus- und Straßenbahnhaltestellen, U-/S-Bahnstationen, Parkhäuser, Raststätten und Flughäfen werbliche Kommunikationsmöglichkeiten (Dorsch, 2021).

3.1.1 Öffentlicher Raum

Generell erzeugt das urbane Umfeld, insbesondere das direkt benachbarte räumliche Umfeld von Verkehrslinien wie Straßen und U-/S-/Straßenbahn-/Zuggleisen und Verkehrsflächen wie Kreuzungen, Kreisel und Bahnhöfen attraktive Standorte

© Der/die Autor(en), exklusiv lizenziert durch Springer Fachmedien Wiesbaden GmbH, ein Teil von Springer Nature 2021
M. Kleinjohann, *Marketingkommunikation mit Out-of-Home-Medien*, essentials,
https://doi.org/10.1007/978-3-658-35503-6_3

und Flächen für physische wie digitale Außenwerbung: Passagiere des ÖPNV, Autofahrer und andere Verkehrsteilnehmen sowie Passanten nutzen permanent und insbesondere in Stoßzeiten des Berufsverkehrs millionenfach diese Infrastruktur. Während ihrer verkehrsbedingten Bewegungen und Stehphasen aufgrund von Staus und Ein-, Aussteige- und Wartezeiten haben zwei- wie dreidimensionale, stationäre OOH- und DOOH-Medien ganzjährig große Chancen in das Blickfeld dieser mobilen Zielgruppe zu geraten und Aufmerksamkeit auf sich und die beworbenen Marken, Produkte oder Dienstleistungen zu lenken. Werbungtreibende können dabei auf ein vielzähliges wie vielfältiges Angebot an immobilen, werblichen Stadtmöbeln wie Allgemeinstellen, Ganzsäulen oder City Boards und fixierten Werbeflächen an Gebäuden wie Riesenposter, Panoramabanner oder Digitale Video Boards zugreifen. Die Werbeträger haben dabei unterschiedliche Wirkungschancen, die von ihrer Nah- bzw. Fernwirkung auf die Zielgruppen im öffentlichen Raum, stationären (z. B. stehend, wartend) bzw. mobilen (z. B. fahrend) Nutzung der Konsumenten an Straßen, auf Plätzen und in Fußgängerzonen sowie ihrer Zwei- (z. B. City-Light-Poster) bzw. Dreidimensionalität (z. B. Litfaßsäule) abhängen.

Dreidimensionale Elemente, Formen und Formate

Hochformatige **Allgemeinstellen** oder Litfaßsäulen („Ganzstellen"), 260 bis 360 cm hoch, sind platziert an kulturellen Hotspots, häufig in Fußgängerzonen und an Gehwegen in Innenstädten, Außenbezirken und Ortschaften und bieten Plakatflächen, die in der Regel von mehreren Werbungtreibenden zeitgleich gebucht werden können. Sie sind in Netzwerken bundesweit und flächendeckend in Wohngebieten, kompletten Stadtbereichen und in Vororten in 1/1-, 2/1-, 4/1-, 6/1 und teilweise 8/1-Formaten mit bedruckten Werbeplakaten belegbar. Neben Werbeplakaten bieten die Klassiker der Außenwerbung teilweise auch amtliche Bekanntmachungen (FAW n.d.; Hoffmann, 1999, S. 472; Hofe & Rost, 2005, S. 33; Meffert et al., 2018, S. 673; Schloßbauer, 1998, S. 22).

Ganzsäulen mit einer Höhe zwischen 260 und 360 cm sorgen aufgrund ihrer Sichtbarkeit aus jeder Richtung und häufigen Beleuchtung insbesondere auch in der Nacht für eine 24-stündige Aufmerksamkeit im öffentlichen Raum. Die gesamte Fläche der zylinderförmigen Ganzsäule im Hochformat wird an nur einen Kunden während des Anschlagzeitraumes vergeben, der zwischen einer „ganzen" 360-Grad-Beklebung oder einem Format aus 8/1-Plakaten mit drei unterschiedlichen Motiven wählen kann. Ganzsäulen sind zum Teil drehbar und erzeugen dadurch eine zusätzliche Aufmerksamkeit

(FAW n.d.; Hoffmann, 1999, S. 472; Hofe & Rost, 2005, S. 37; Meffert et al., 2018, S. 675; Schloßbauer, 1998, S. 25).

Freistehende „City-Light-Poster (CLP)" und"Digital City-Light-Poster (DCLP)" in Vitrinen oder Stelen transportieren Werbung aufgrund ihrer flächendeckenden Platzierung in hochfrequenten städtischen Standorten wie Fußgängerzonen und Fahrbahn-Mittelstreifen in unmittelbarer Nähe vom POS. Die eingehängten Poster im Format eines 4/1-Bogen sind beidseitig mit einem 2er- oder 3er-Wechselmechanismus angebracht, als „Digitale Poster" bieten sie ein digitales Standbild auf Hochformat-Video-Stelen mit aufmerksamkeitsstarkem Motivwechsel. In Wartesituationen und in Fußgängerbereichen können CLP aufgrund der potenziellen Verweilmöglichkeit der Konsumenten und ihres Hochformats auf Augenhöhe auch Detailinformationen kommunizieren, spätestens ab der Dämmerung je nach Jahreszeit und gegebenen Lichtverhältnissen werden sie hinterleuchtet und erzeugen auch insbesondere als DCLP in der Dunkelheit hohe Aufmerksamkeit (FAW n.d.; Hoffmann, 1999, S. 471; Hofe & Rost, 2005, S. 40; Meffert et al., 2018, S. 668; Schloßbauer, 1998, S. 30).

„Mega- oder City-Light-Boards" sind quer zum Verkehrsstrom ausgerichtete Werbeflächen in Vitrinen auf einem 2,50 m hohem Fuß. Die 9 m^2 große zweiseitige Werbefläche ist meist beleuchtet und bietet im 18/1-Format teilweise mit 2er bzw. 3er-Motivwechsel in der Rotation eine hohe Kontaktdichte insbesondere bei Straßenverkehrsteilnehmern. Das große, querliegende Leinwandformat, die nächtliche Beleuchtung und die PKWs überragende Höhe sowie die prominente Platzierung an vielbefahrenen Ein-, Ausfall- und Zufahrtstraßen (u. a. an Flughäfen) sorgen für einen großen Sichtbarkeitsradius und lange Sichtachsen; Mega- oder City-Light-Boards generieren damit entsprechend hohe Reichweiten (FAW n.d.; Hoffmann, 1999, S. 472; Hofe & Rost, 2005, S. 48; Meffert, et al. 2018, S. 668; Schloßberger, 1998, S. 211).

„Roadside Screens", Bildschirme mit LED-Technik auf 2,5 bis 3 m hohen Standfüssen sorgen durch ihre Kommunikationsfläche von 9 bis 11 m^2 Größe und darauf eingeblendeten Kurznachrichten oder Wetterberichten für Abwechslung und Aufmerksamkeit in Wartesituationen an hoch frequentierten Kreuzungen und Straßenzügen. Redaktionelle Inhalte und 10-sekündige Werbespots wechseln sich dabei ab.

Als vielfältig einsetzbare „Digital Signage" erzeugen freistehende **Werbestelen** oder beleuchtete Werbeschilder auf Säulenpfosten Aufmerksamkeit auf Augenhöhe. Genutzt werden sie in der Regel beleuchtet als Werbe-, Formen- und Praxisschilder und dienen neben der Werbung auch als Leit- und Orientierungssystem, um Kunden und Passanten auf Firmengebäude wie Autohäuser oder Arztpraxencenter und Einkaufscenter aufmerksam zu machen und ihnen den Weg dorthin zu weisen. Aufgrund ihrer Variabilität in der Höhe, Breite, Tiefe und Länge lassen sich Werbestelen in allen Designs bauen, passen sich dabei dem Standort individuell an und erlauben die technische und optische Integration in die Umgebung.

Werbemastschilder im DIN-A1-Hochformat an Lichtmasten werben für Unternehmen in der Nachbarschaft in deren unmittelbarem Umfeld. Aufgrund ihrer Platzierung an Standorten im Stadtgebiet und an Zufahrtsstraßen und der Häufigkeit von Lichtmasten circa alle 50 m, können werbende Mastschilder aus Wechselrahmen mit Acrylglas oder aus Aludibond in ihrer geographischen Auswahl und Anzahl genau selektiert werden und sorgen auch durch ihre zweiseitige Fernwirkung für hohe Aufmerksamkeit.

Drehend oder feststehende **Werbegroßuhren** auf 2 bis 3 m hohen Masten sind auffällige Fixpunkte an Kreuzungen, Plätzen und Zugängen zu U-/S-Bahnstationen und bieten mit darunter oder darüber angebrachten Kommunikationsflächen Platz für Werbung im städtischen Raum. Ganztägig und ganzjährig sorgen sie durch ihre 4-, 3- bzw. 2-seitige Zeitanzeige bei Verkehrsteilnehmern und Passanten für informativen Service. Die Uhren können mit Werbemotiven einzeln oder komplett belegt oder im Corporate Design des werbungtreibenden Unternehmens gestaltet werden und eignen sich insbesondere für Dauerwerbung (Hofe & Rost, 2005, S. 53; Schloßberger, 2005, S. 230).

Werbepylone sind freistehende, säulenförmig 10 bis über 15 m hoch aufragende Türme mit in der Regel beleuchteten LED-Bildschirmen. Auf den aufgeständerten Werbeflächen sind zwei- oder dreiseitig großformatige Logos, Texte oder Werbebotschaften von werbungtreibenden Unternehmen angebracht, die gezielt aus der Ferne wirken sollen. Werbepylone stehen häufig an Autobahnen oder Autobahnkreuzen und dienen neben der Werbung für das Unternehmen auch häufig als geographische Orientierung zu den in der Nähe angesiedelten Werbungtreibenden wie Möbelhäuser, Tankstellen oder Schnellimbissen (Hofe und Rost 2005, S. 55; Meffert et al., 2018, S. 675).◄

3.1.2 Brücken

Banner, Spannbänder und Schilder an Straßen-, Bahn-, U- und S-Bahnbrückengeländern sind ein Blickfang im Sichtfeld mobiler Zielgruppen. Durch die Positionierung quer zur Fahrbahn, das individuelle, quergestreckte große Format und des Eindruckes, vermeintlich „in" sie hinein bzw. tatsächlich unter ihnen durchzufahren, schaffen eine unübersehbaren Werbeplatzierung im städtischen Verkehrsfluss. Insbesondere Pendler und Besucher von Veranstaltungen können aktions-, kampagnen- und eventbezogen adressiert werden (Hofe & Rost, 2005, S. 58).

Zweidimensionale Elemente, Formen und Formate

Großflächen bieten mit dem Querformat 18/1-Bogen eine exklusive Kommunikationsfläche für einen Werbekunden pro Belegungszeitraum und sind neben der Litfaßsäule der Klassiker der Außenwerbung. Die über 9 m² großen Plakatwände sind in der Regel mit einem Rahmen im typischen Design des Werbeträgeranbieters versehen und können hausnummerngenau auch einzeln belegt werden. Freistehend ein- und zweiseitig mit Werbung nutzbar, stehen sie an Hauptverkehrsstraßen, Parkplätzen, Baugrundstücken und freien Flächen oder sind an Fassaden von Gebäuden, Supermärkten, Park- und Autohäusern fixiert (FAW n.d.; Hoffmann, 1999, S. 470; Hofe & Rost, 2005; S. 31; Meffert et al., 2018, S. 669; Schloßberger, 1998, S. 27). Als „**Metroboards**" finden Großflächen auch Anwendung als Werbeträger in Bahn-, U-Bahn-Stationen und Tunnel sowie an überdachten Omnibus- und Straßenbahnhaltestellen mit großem Fahrgastaufkommen. Zu politischen Wahlzeiten werden mobile Großflächen auf Holzgestellen zur Bewerbung von Parteien auf Sonderflächen eingesetzt.

Riesenposter, Superposter, Megaprints oder „**Blow Ups**" stellen neben einer kompletten Gebäudeverhüllung die formatmäßig größten Werbeträger im öffentlichen Raum dar. Die 40/1-Formate sind meist einzeln platziert, quer zum Verkehrsfluss in mindestens drei Meter Höhe an Hausgiebeln und Fassaden von Gebäuden angebracht und erzeugen mit ihrer fast 20 m² großen, weithin sichtbaren Kommunikationsfläche große Aufmerksamkeit. Zur besseren Sichtbarkeit und Wirkung in der Nacht werden die XXL-Poster meist von unten oder oben durch Scheinwerfer angestrahlt. Neben der grundsätzlich unübersehbaren Präsenz im öffentlichen Raum der Standardformate wirken spezielle, in mehreren hundert Quadratmetern Größe bedruckte Vinylnetze an Gerüsten von in Bau befindlichen Hochhäusern als XXL-Blow-Ups häufig auch mit einer medien- und öffentlichkeitswirksame Inszenierung bei der Anbringung. 3D-Elemente oder Videoboards lassen Blow Ups zu multimedialen, temporär-stationären Events werden (FAW n.d.; Hoffmann, 1999, S. 473; Hofe & Rost, 2005, S. 75 und 85; Meffert et al., 2018, S. 671 und 673; Schloßberger, 1998, S. 205).

Digitale Mega-Screens sind an Hauswänden und -ecken angebracht, die an stark frequentierten Verkehrsknotenpunkten und Plätzen im städtischen Raum positioniert sind. Durch ihre exponierte Platzierung, ihr überdimensionales Großformat und das darauf dargestellte (Bewegt-)Bild fallen diese Werbeträger als *eye catcher* auf. Die frontale Einsehbarkeit und lange Betrachtungsdauer sorgt dafür, dass die 180-sekündigen Contentloops (140 s Werbung, 40 s Editorial Content) insbesondere von Pendlern im täglichen Berufsverkehr zwischen 6 und 22 Uhr intensiv wahrgenommen werden. Die 10-sekündigen Spots erhalten durch sogenannte „Cinemagramme", ein Standbild, in dem Teile des Gesamtbildes als Video animiert sind, noch zusätzliche visuelle Prominenz. ◄

Elemente, Formen und Formate

- PVC-Spanntransparente
- Vinylnetze im Längsformat
- Aludibond mind. 300 cm breit × 80 cm hoch

◄

3.1.3 Bahnhöfe

Die 5679 Personenbahnhöfe in Deutschland sind mit ihren 156,4 Mio. Haltestationen ein wichtiger Bestandteil des *points-of-high-traffic* im nationalen und internationalen Zugverkehr (DB, 2020, S. 28; Dorsch, 2021, S. 91). Der Bahnhof ist zudem eine in der Regel zentral gelegene städtische Location mit vielfältiger Nutzung durch die unterschiedlichsten Zielgruppen: Rund 21 Mio. Bahnreisende steigen auf dem Arbeitsweg oder der Urlaubsreise in Bahnhöfen ein, um und aus, Zubringer und Abholer begleiten Zugpassagiere in den Bahnhof und an den Gleisen, Konsumenten suchen Bahnhöfe für den Einkauf auf oder nutzen die Gastronomie (DB, 2020, S. 26). So besuchen z. B. in Hamburg täglich 540.000 Reisende den Hauptbahnhof, 490.000 Fahrgäste jeden Tag den Frankfurter Hauptbahnhof (Ströer, n. d.). Als stark frequentierter Touchpoint des Konsumentenalltages und bedeutender infrastruktureller Knotenpunkt bietet der Bahnhof die kommunikative Plattform und Umgebung, Zielgruppen auf ihrer physischen und digitalen Customer Journey mit Werbung aufmerksamkeitsstark anzusprechen und zu begleiten. Weithin sichtbare und nicht übersehbare Werbung findet statt auf Vorplätzen, Fußböden und Laufwegen, Geh- und Rolltreppen, in Empfangshallen, Lufträumen, Wartebereichen, Shoppinggalerien und Auf- und

Abgängen zu Gleisen und Hallen, an Bahngleisen, Treff- und Informationspunkten und Stirnseiten von Bahnhöfen. Die Elemente, Formen und Formate der Werbemedien sind aufgrund der architektonischen Größe und Komplexität sowie der typischen Infrastruktur von Bahnhöfen ebenso zahlreich wie vielfältig. Das für Werbungtreibende zur Verfügung stehende Inventar reicht von physischen DIN-A0-, DIN-A1- und 18/1-Plakaten über Aufkleber auf Böden und Treppen und vom Bahnhofsdach herabhängenden Bannern bis zu digitalen OOH-Medien am Bahnsteig. Aufgrund der ganzjährigen Nutzung von Bahnhöfen bieten Bahnhofsmedien Tag und Nacht zwei- sowie dreidimensionale Werbemöglichkeiten für eine permanente Präsenz ebenso wie für aktuelle crossmediale Kommunikationskampagnen (Hofe & Rost, 2005, S. 131).

Elemente, Formen und Formate

- „Ground-Poster" auf Hauptlaufwegen in Passagen und Wartebereichen von Bahnhöfen
- Werbeaufkleber an Treppenstufen („Stair Poster")
- Beklebung von Treppenstirnseiten, Seitenwänden von Bahngleisen („Stair Branding")
- Big Banner im Luftraum von Bahnhöfen (bis zu 360m^2 groß)
- Hiss- und Bannerflaggen, von der Decke abgehängt, an Wänden angebracht
- Plakate in Rahmen oder beleuchteten Vitrinen
- Freistehende ein- und zweiseitige 18/1-Großflächen mit bis zu zweifachem Motivwechsel
- Hinterleuchtete, großformatige Werbeanlagen an Passagenwänden („Backlights")
- Großflächige Folienummantelung von Säulen, -auskleidung von Treppen
- Hinterleuchtete einteilige 2m^2 große Plakate in Vitrinen mit Wechselmotiven („Traffic City-Light-Poster")
- Videoscreens mit 180-sekündigen Loops und mehrfachem Wechsel zwischen Werbemotiv und redaktionellem Content („Super Motions")
- Hochformatige 46-, 60- und 70-Zoll-Bildschirme, in einer 2,50 m hohen Stele, mit 180-sekündiger, synchron laufender Programmschleife („Station Video")
- Großformatige, illuminierte Logos oder Markenschriftzüge an Bahnhofstirnseiten

◄

3.1.4 U-/S-/Stadt-, Straßenbahn- und Bushaltestellen

Freie und überdachte Bahnsteige und Haltestellen von Stadt-, Straßen-, U- und S-Bahnen sowie Bussen stellen insbesondere für Berufspendler im innerstädtischen Verkehr häufig frequentierte Locations dar. Fahrgäste des ÖPNV halten sich mehrfach am Tag und zum Teil minutenlang dort auf, während sie auf ihre Fahrgelegenheit warten und in diese um-, zu- oder aussteigen. Soweit die Passagiere nicht durch Medienkonsum oder Smartphonenutzung abgelenkt sind, fällt ihr Blick auf im Umfeld von Bahnsteigen oder an Haltestationen platzierte Werbeträger wie City-Light-Poster als Seitenwände von überdachten Haltestellen. Diese *points-of-high-traffic* stellen auch attraktive Flächen für die Kommunikation mit anderen mobilen Konsumenten dar: Weiterfahrende Fahrgäste in den Bahnen und Bussen nehmen aus den Fenstern heraus in U-/S-Bahnstationen platzierte Werbung auf, andere Straßenverkehrsteilnehmer wie Autofahrer halten auch wegen des Ein-/Aussteigevorgangs von Bussen an Haltestellen oder fahren an diesen in unmittelbarer Sichtweite vorbei und Passanten im Fußgängerbereich haben auf ihrem Weg Blickkontakt mit im Umfeld oder an Haltstellen positionierter OOH- und DOOH-Werbung. Eine für U- und S-Bahnstationen typische Werbeträgerform sind **Infoscreens:** Mithilfe von HD-Beamern wird auf die Wandflächen in S- und U-Bahn-Stationen über die Gleisen gegenüber den Bahnsteigen im Sichtfeld der wartenden Fahrgäste ein Unterhaltungsprogramm projiziert. In einem zehnminütigen Loop ohne Tonübertragung wechseln sich schnell rezipierbare redaktionelle Inhalte wie Nachrichten, TV-Tipps oder Wetter ab mit Werbespots, die kurz durch die einfahrenden Bahnen unterbrochen werden (Hofe & Rost, 2005, S. 113; Hoffmann, 1999, S. 473; Schloßberger, 1998, S. 221).

Elemente, Formen und Formate

- City-Light-Poster (CLP) als Seitenwände von Haltestellen im 4/1-Bogen-Format
- Hochformatige 46-, 60- und 70 Zoll-"Station Videos", auf Augenhöhe in 2,50 m hohen Stelen oder in Säulen
- Freistehende ein- oder zweiseitige 18/1-Großflächen auf Bahnsteigen
- Hinterleuchtete City-Light-Säulen an S-/U-Bahnhöfen, 8/1-, 2/4-Bogen-Formate

◄

3.1.5   Parkhäuser

Parkhäuser sind für eine große Anzahl von Konsumenten, die mit dem Automobil im innerstädtischen Verkehr unterwegs sind, häufig frequentierte Stationen im mobilen Alltag. Immerhin 432.791 Stellplätze in 929 Parkobjekten stellten 2019 die fünf größten Parkhausbetreiber in Deutschland – potenziell wichtige Touchpoints für werbungtreibende Unternehmen (Statista, 2019b). Nutzer von Tiefgaragen und Parkhäusern betreten Parklocations mindestens zwei Mal zur Ein- und Ausfahrt mit dem Fahrzeug, verweilen beim Bezahlen des Parktickets am Kassenautomaten, halten sich auf dem Weg zum abgestellten Auto im Parkhaus auf und sind dementsprechend direkt und insbesondere visuell ansprechbar. Nicht zuletzt stellen Parkhäuser auch häufig den Startpunkt einer Shoppingtour dar, die mit dort geschalteter Werbung in räumlicher und zeitlicher Nähe zum Point of Sale beeinflussend und kundennah kommunizieren kann.

Elemente, Formen und Formate

- Leuchtvitrinen auf den Parkdecks im Parkhaus
- Werbung auf den Ein- und Ausfahrtsschranken
- Trolley-Gepäckwagen als fahrbare Werbefläche in Parkhäusern und auf Parkflächen
- Flächenwerbung auf den Seitenwänden der Auf- und Abfahrtsspindeln
- City-Light-Plakate in den Ein-, Auf- und Abgängen des Parkhauses
- Rundumwerbung an Parkdecksäulen
- Werbung an der Parkhausfassade
- Bodenaufkleber auf den Laufwegen

◄

3.1.6   Tankstellen

Tankstellen in Städten, an Bundes-, Kreis- und Landstraßen sowie an Bundesautobahnen stellen vorrangig aufgrund ihres Versorgungsangebotes an Treibstoffen und mobilen Serviceangeboten notwendige Touchpoints von Auto-, Bus-, Nutzfahrzeug- und Motorradfahrern dar. Auch aufgrund ihres dichten bundesweiten Netzes bieten Straßen- und Autobahntankstellen interessante Kommunikationspunkte über die Adressierung von Reisenden hinaus auch von nachbarschaftlichen Zielgruppen. 2019 bestand das Tankstellennetz in Deutschland aus insgesamt 14.449 Tankstellen von Marken- (z. B. ARAL, Esso, Shell) und freien

Treibstofflieferanten (z. B. OIL); davon waren 14.091 Stationen Straßentankstellen und 358 Autobahntankstellen (MWV, 2020, S. 55). Neben dem originären Angebot von Tanken, Autowaschen, Ölwechsel, Reparatur und TÜV-Prüfung positionieren sich Tankstellen als Einkaufsorte des täglichen Bedarfs (Hubik, 2017): 8.908 Tankstellen boten 2018 zusätzlich einen Gastronomieimbiss und Shop im Sinne eines Einzelhandelsgeschäftes (Statista, 2020a, S. 53). Tankstellen stellen mit ihrer Präsenz und architektonischen Prominenz im städtischen und ländlichen Raum und Alltag, der notwendigen oder von Konsumenten gewählten Aufenthaltsdauer, ihrem vielfältigen Angebot und ihrer Eigenart auch als Point of Sale für „nichtmobile Produkte" eine vielfältige 24/7-Kommunikationsplattform. Insbesondere digitale Displays mit wechselnden Motiven im Ein-, Ausgangs-, Warte-, Kassen-, Gastro- und Einkaufszonenbereich sowie im Außenbereich an Tanksäulen, Werkstätten und Waschstraßen bieten aktuelle, multimedial ansprechende und kampagnenbezogene Werbemittel. Typisch für den Touchpoint Tankstelle ist **Zapfpistolenwerbung**, denn jeder Tankkunde muss die Zapfpistole in die Hand nehmen. Mindestens bis zu fünf Mal fällt dabei der Blick des Tankkunden auf die Zapfpistole und damit auf die Werbefläche der Zapfpistolenoberseite. Bei rund 650 Tankkunden durchschnittlich pro Tag entspricht dies 18.200 (Blick-)Kontakte auf Werbung pro Tankstellenstation (EFT n.d.; Hofe & Rost, 2005, S. 269).

Elemente, Formen und Formate

- Kassendisplays mit Werbung
- Indoor- und Outdoor-Bodenposter
- Posterwerbung im Bedienbereich
- Video-Walls mit mehreren Screens und wechselnden Werbemotiven
- LED-Pylone, hochformatige Werbestelen im Eingangs-/Außenbereich
- Doppelseitige Posterständer
- Aufblasbare, beleuchtete 50m^2 große Werbeflächen auf Tankstellendächern („Inflatables", „Station Lights")

◄

3.1.7 Raststätten und Autohöfe

Autobahnraststätten (Autobahnrasthöfe, Autobahnraststationen) und Tankhöfe bieten Parkplätze, Tankstellen, Shops, Restaurants und Hotels für Fernreisende mit Personenkraft- und Nutzfahrzeugen oder Bussen. Rund um die Uhr ohne

Sperrstundenregelung nutzen Konsumenten Raststätten zum Informieren, Rasten, Pausieren, Ruhen, Erholen, Einkaufen, Übernachten und Tanken, Essen und Trinken sowie zur Hygienepflege und Erfrischung. So bietet der bundesweit größte Betreiber Tank & Rast dieses Dienstleistungsportfolio an 360 Autobahntankstellen und Autohöfen, 400 Raststätten und circa 50 Hotels (Tank & Rast, n. d.). Die Verweildauer auf Raststätten ist dementsprechend unterschiedlich lang und reicht vom nur wenige Minuten kurzen Tankstopp bis zur mehrstündigen Hotelübernachtung. Der spezifische Angebotsmix und die funktional entspannende Atmosphäre von Raststätten und Autohöfen sorgt für Abwechslung bei Privat-, Urlaubs-, Berufs- und Geschäftsreisenden als Unterbrechung monotoner Autobahnfahrten. Diese Interimszeit stellt die Basis für eine hohe Aufnahmebereitschaft werblicher Botschaften während der Reise dar. Ähnlich wie Tankstellen bieten Raststätten vielfältige Touchpoints zwischen werbungtreibenden Unternehmen und potenziellen Kunden, die aktuell, geographisch und häufig programmatisch mit physischer und digitaler Werbung belegbar sind: Entlang der Customer Journey von Raststättenbesuchern ist OOH- und DOOH-Kommunikation im Empfangsbereich möglich, auf und an den Laufwegen, in der Einkaufs- und Thekenzone oder im stark frequentierten Kassenbereich sowie in den Sanitäranlagen mit Toiletten, Duschen und Wickelräumen.

Elemente, Formen und Formate

- Kassen-Screens mit Loops aus 10-sekündigen Werbespots
- Video-Screens über Einkaufsgondeln für Lebensmittel und Reisebedarfsartikel mit 10-s-Werbespots
- Digitale Werbebildschirme an Getränkekühltheken
- Digitale City-Light-Poster in Rahmen im Ein- und Ausgangsbereich
- Multimedia-Screens auf den Fronten („Digitale Travel Boards")
- Spiegel mit Werbezonen und 30-sekündigen Loops in den Sanitäranlagen
- Deckenbanner in stark frequentierten Bereichen
- Prospekt- und DIN-A6-Thekenaufsteller
- Werbeaufkleber auf dem Boden („Floor-Graphics")
- Toiletten- und Waschraum-Plakate

◄

3.1.8 Flughäfen

Nationale und internationale Flughäfen sind Drehpunkte geschäftlichen Verkehrs und weltweiter Touristenströme. Mit ihrer typischen Infrastruktur sind sie ein eigener, komplexer Mikrokosmos mit vielfältigen Funktionen für den Luftverkehr und unterschiedlichsten Dienstleistungsangeboten für eine Vielzahl von Nutzern (Dorsch, 2021, S. 150). Allein am Flughafen Frankfurt a. M. landeten und flogen 2019 insgesamt 4.860.784 Flugpassagiere ab (ADV, 2020, S. 10); 2019 betrug die Anzahl der Passagiere auf deutschen Flughäfen 247.840.864 Passagiere (Bundesverband der Deutschen Luftverkehrswirtschaft, 2020, S. 23). Flughäfen stellen daher grundsätzlich als *points of high traffic* interessante Umfelder für Werbung mit großer Reichweite und Kontaktdichte dar; sie bieten aufgrund ihrer räumlichen Ausdehnung eine große Zahl von Kontaktflächen mit Konsumenten (z. B. der Flughafen Düsseldorf mit 11.000 m² Werbefläche). Durchschnittlich halten sich Fluggäste verkehrslogistisch bedingt 120 min von der Ankunft am Airport bis zum Einsteigen in das Flugzeug am und im Flughafen auf (Fraunberg, 2017a). In diesem Zeitraum haben Werbungtreibende die Chance, definierte Zielgruppen mit ihren Kommunikationsbotschaften über Gepäckbänder, Screens, Stelen, Sitzbänke und Lounges in einer aufnahmefreudigen Situation anzusprechen. Die über Flughafenwerbung adressierbaren Zielgruppen sind vorrangig Geschäftsreisende mit entsprechend soziodemographisch attraktiven Eigenschaften für Werbungtreibende und Privatreisende in entspannter, zum Teil konsumfreudiger Urlaubssituation (Fraunberg, 2017b). Aber auch Abholer und Bringer von Flugpassagieren können ebenso wie Flughafenbesucher und -schaulustige sowie Mitarbeiter des Airports mit Werbung für Produkte und Dienstleistungen angesprochen werden. Entlang der *Traveller Journey* eines Flugreisenden stehen in Flughäfen die funktionellen Touchpoints auch für werbliche Kommunikation zur Verfügung: Von der Flughafenanfahrt mit 18/1-Großflächenplakaten längs der Zufahrtstraßen, Megapostern an Parkhäusern und Werbung an den Eingangstüren über Floorgraphics auf stark frequentierten Laufzonen, Digital Screens in der Check-In-Zone und Bannerplanen im Luftraum der Hallen bis zur Plakatierung in den Abfluggates und Werbung in den Passagierbussen zum Flugfeld. Ebenso bieten flughafentypische Immobilien die Chance für prominente Werbeplatzierung: Fluggastbrücken begrüßen als erster und verabschieden als letzter Baukörper aufmerksamkeitsstark mit werblich gebrandeten Außenseiten und Posterpräsenzen im Inneren die Reisenden (Hofe & Rost, 2005, S. 170; Meffert et al., 2018, S. 695).

Elemente, Formen und Formate

- DIN-A0-Plakate/City-Light-Poster
- Bannerplanen im Luftraum von Hallen
- SkyPoster mit Großformaten von 10 bis 12m^2
- Megaposter im Formaten 10 bis 17m^2
- Flügel-/Drehtürwerbung als Ein-/Ausgängen
- Werbliche Gestaltung eines kompletten Wartebereiches („Gate Branding")
- Fluggastbrücken mit großflächiger Beklebung der Außenseiten, Plakaten/Postern im Inneren
- Gepäckbänder mit gebrandeten, beleuchteten Werbekoffern
- Werbeaufkleber auf Sitzbänken im Wartebereich („Branding Seating Areas")
- Passagierbuswerbung
- Werbepylone („Outdoor Landmarks")
- Digitale Full HD-Screens und 65-Zoll-Stelen im Abflugbereich, simultan oder koordiniert in Reihe geschaltet („Gate TV")

◄

3.2 Ambiente

Neben den stationären Touchpoints im öffentlichen und privaten Verkehr bietet das direkte Lebensumfeld von Konsumenten außerhalb ihres Hauses oder ihrer Wohnung ein vielfältiges Spektrum der werblichen Kommunikation. Bars, Kneipen, Restaurants, Hotels, Kinos, Theater, Fitness-Center, Sporthallen oder Schwimmbäder sowie Hochschulen sorgen für eine in der Regel entspannte oder entspannende, kommunikativ-offene und dialogorientierte, native und gewohnte Atmosphäre. Die alltägliche Werbung von Unternehmen um Kunden und Konsumenten insbesondere für konsumortsnahe Produkte (z. B. Bier, Snacks) und Dienstleistungen (z. B. Veranstaltungen, Versicherungen) findet statt mit natürlich akzeptierten Werbemitteln wie Postkarten und Bierdeckeln, Toilettentürenplakaten und Spiegelaufklebern (Meffert et al., 2018, S. 684; Scharf et al., 2015, S. 526; Voeth & Herbst, 2013, S. 526).

3.2.1 Kinos

Mit 1728 Multiplex-, Cityplex-, Arthaus- und Einzelkinos („Spielstätten"), 4926 Kinosälen („Leinwänden") und 793.624 Sitzplätzen an 943 Standorten bieten Kinos multisensuelle, inspirierende und entspannte Ambiente für werbliche Kommunikation zwischen Unternehmen und Zielgruppen (FFA, 2021). Die durchschnittlich pro Jahr 18,5 Mio. Kinobesucher sind audiovisuell empfangsbereit, kulturell interessiert und gegenüber Werbung aufgeschlossen: Im Vergleich zum Bundesdurchschnitt halten Kinokonsumenten Werbung für überdurchschnittlich „glaubwürdig, interessant, unterhaltend, nützlich, kaufanregend und informativ"; Werbung gehört zum Kinobesuch dazu (FDW, 2019, S. 27; FDW, 2014). Die *Cinema Customer Journey* beginnt mit der Anfahrt zum Parkhaus und dem Betreten des Lichtspieltheaters. Illuminierte Großflächen oder Superposter auf Netz-PVC (320 cm × 452 cm bis 500 cm × 700 cm) an Fassaden des Kinos bieten auch bei Dunkelheit auffallende Kommunikationsmöglichkeiten im Außenbereich. Dem Kino angeschlossene oder benachbarte Parkhäuser kommunizieren mit City-Light-Plakaten bei der Ein- und Ausfahrt und dem Weg zum und vom Kino. Aufgrund der kinotypischen Wartesituation im Kassenbereich und in der Lobby vor dem Einlass in den Kinosaal und der Werbeaufgeschlossenheit der Kinobesucher bietet sich Werbungtreibenden im Foyer mit Cinema-Light-Poster an den Wänden, FreeCards in Dispensern, digitalen Screens mit Werbespots oder bedruckten Popcorntüten ein vielfältig nutzbares Werbumfeld (Hofe & Rost, 2005, S. 257). Entsprechend des Filmgenres und der Altersbeschränkungen können zudem die auf den großformatigen Leinwänden abgespielten 15- bis 60-sekündigen Werbespots zielgruppenspezifisch geplant und mediaplanerisch effizient eingesetzt werden sowie emotional wirken (Kleinjohann, 2020, S. 24).

Elemente, Formen und Formate

- Kinoeintrittskarten, Kinoprogramme mit Coupons, Gewinnspielen
- Popcorntüten rundum bedruckt in bis zu drei Größen
- Dreidimensionale Aufsteller
- Toilettenplakate an WC-Türen und Urinalen
- Sanitärraumwerbung in Spiegeln
- Gratis-DIN A6 Postkarten
- Foyer-TV mit digitalen Screens

◄

3.2.2 Gastronomie

Die rund 72.000 Restaurants und 4.400 Bars/Diskotheken in Deutschland sorgen mit ihrem gastronomischen und konzeptionellen Angebot aus Speisen, Getränken, typischer Architektur und Acoustic Branding für ein grundsätzlich entspanntes Genuss- und kommunikatives Erlebnisumfeld (DeHoGa n.d.; Kleinjohann, 2020, S. 27; Kleinjohann, 2021, S. 64). Die Zielgruppe von Bars, Kneipen, Diskotheken und Restaurants ist entsprechend kontaktfreudig, kommunikativ und offen für Inspiration; die Gäste und Besucher sind zudem räumlich für einen längeren Zeitraum (z. T. mehrere Stunden) in diesem Ambiente fokussiert. Dieses spezifische Umfeld bietet zahlreiche OOH-Touchpoints, an denen Unternehmen um potenzielle Kunden treffsicher werben können.

Kostenlose **DIN A6 Postkarten** („FreeCards", „Edgar Cards", „City Cards)", stellen gastronomietypische Ambientmedien dar, die seit ihrer Einführung 1992 in insbesondere jüngeren, konsumfreudigen Zielgruppen (16–29 Jahre) sogar Kultcharakter genießen (Hofe & Rost, 2005, S. 248; Ströer, 2019). Die Gratispostkarten werden in hochwertigen Displays an häufig frequentierten Orten in Gastronomie- und Kulturbetrieben (z. B. Ein-/Ausgang, Toiletten-/Sanitärbereich) in Displays präsentiert. Humorvoll gestaltet oder auffallend designt transportieren sie kreative Werbemotive, die von den Gästen gezielt der Halterung entnommen, gesammelt und zum Teil an Freunde und Familie verschickt und verschenkt werden. Da die Gratiskarten auch in Haushalten der Zielgruppen ausgestellt werden (z. B. Kühlschrank, Pinboard) haben diese Ambientmedien eine große Reichweite. Karten-Displays mit je 10 bis 20 verschiedenen Motiven in lokaler, regionaler oder nationaler Belegung werden im wöchentlichen oder 14-täglichem Wechsel auch in Kinos, Theatern, Schulen, Hochschulen und Fitnessstudios präsentiert.

Getränkeuntersetzer („Bierdeckel") aus Pappe werden in der Gastronomie häufig zu Getränken gereicht und ziehen beim Getränkekonsum bei jedem Trinkprozess bewusst oder unbewusst den Blick des Gastes an Tisch oder Tresen auf sich (Hofe & Rost, 2005, S. 251). Die runden, eckigen oder formgestanzten Untersetzer (Format 93 mm × 93 mm bzw. 107 mm Durchmesser) und die darauf kommunizierten Werbebotschaften erzeugen insbesondere für lokale und regionale bzw. gastronomieaffine Produktmarken einen intensiven Kontakt. Werbung auf Getränkeuntersetzern aus 1,5 mm starker Pappe kann lokal, regional oder national im Rahmen einer Ambientmediakampagne ausgesteuert werden.

Werbung in Toiletten und Sanitärraumen in der Gastronomie, in Kinos, Fitnessstudios und Schwimmbädern und an Tankstellen trifft auf Zielgruppen in einer persönlichen, spezifisch für werbliche Kommunikation nutzbaren Situation (Hofe & Rost, 2005, S. 253). Die wie bei keinem anderen Werbemedium vorhandene Geschlechtertrennung ermöglicht eine geschlechtsspezifische Zielgruppenauswahl und -adressierung. Die Fokussierung und Verweildauer sorgt für eine durchschnittliche Betrachtungszeit von fast einer Minute. Längere Aufenthalte in Gastronomiebetrieben sorgen zudem für mehrfachen Kontakt mit Werbemitteln im Toilettenbereich oder an Waschtischspiegeln. Plakate in Wechselrahmen hängen während der Nutzung der Toilette direkt vor den Augen der Zielgruppe an den Toilettentüren oder über den Urinalen. Minidisplays an den Urinalen ziehen mit multimedialen Inhalten den Blick der Nutzer auf sich. Auf den Spiegelflächen über den Waschtischen im Sanitärbereich angebrachte Werbung fällt durch die grundsätzliche und häufig mehrfache Nutzung mit direktem Blick in den Spiegel auf. Die Standorte von Sanitärwerbung sind wochen- oder dekadenweise, lokal, regional oder bundesweit belegbar.

Elemente, Formen und Formate

- DIN-A1-, DIN-A3-Indoorplakate
- Hinterleuchtete Plakate in Leuchtkästen
- DIN-A5-Miniposter in FreeCards-Displays
- Tischaufsteller DIN-lang- oder DIN-A6-Flyern
- Gastro-TV: Digitale Video-Screens mit wechselndem Redaktions-, Werbecontent

◀

3.2.3   Hotels

Hotellobbys- und foyers, Rezeptionsbereiche, Hotelrestaurants oder Spa- und Business-Räume der 11.162 Hotels und 5017 Pensionen in Deutschland stellen für Unternehmen Werbeflächen in einem *de natura* kommunikativen Umfeld (DeHoGa, n. d.). Insbesondere in Metropolen oder Großstädten suchen Hotelgäste in einer fremden Umgebung nach Informationen und sind während ihres Aufenthaltes offen für Inspirationen außerhalb der Unterkunft. Werbung animiert dabei nicht nur spontan Wochenendurlauber, Sport- und Kulturtouristen, sondern auch Geschäftsreisende, Kongress- und Messebesucher sich mit den Angeboten auseinanderzusetzen.

Hoteltypisch informieren **MiniCards** über hotelnahe Museen, Theater und Kinos, touristische Sehenswürdigkeiten, Shops, Restaurants und Bars in der besuchten Stadt. Die scheckkartengroßen Wegweiser in hochwertigen Displays bieten in der Nähe der Hotelrezeption serviceorientierte Werbeträger. Die dauerhafte Präsenz, die Möglichkeit mit Rabatten oder Coupons auf den Karten zu kommunizieren sowie die grundsätzliche Akzeptanz als Informationsträger sorgen für einen zielgruppenorientierten Touchpoint zwischen urbanen Angeboten oder Dienstleistungen und Konsumenten.

Elemente, Formen und Formate

- Abreißbare Stadtpläne
- Gratispostkarten
- Flyer und Folder, Gratismagazine
- Screens mit Hotel-TV
◄

Sportstätten und Fitnesscenter.
Fitnessstudios und Sportvereine, Wellnessspas und Schwimmbäder bieten ein attraktives Kommunikationsumfeld mit aktiven, lebensfreudigen und konsumorientierten Konsumenten. Das Potenzial der als Werbeorte zur Verfügung stehenden Sportstätten und der qualifizier- und adressierbaren Zielgruppe ist groß: 8,21 Mio. Bundesbürger ab 14 Jahren besuchten 2020 häufig und immerhin 15,52 Mio. Deutsche ab und zu ein Fitnessstudio (Statista, 2020c, S. 35). 11,6 Mio. Gesundheitsinteressierte und sportlich Aktive sind Mitglied in einem der 9.669 Einzel- oder Kettenfitnessstudios (DSSV, 2021). Fitnessclubmitglieder frequentieren die Sportlocations häufig und halten sich dort über einen längeren Zeitraum auf: 7 % trainieren täglich, 61 % gehen mehrmals pro Woche in ein Fitnessstudio, 23 % immerhin ein Mal pro Woche; 58 % der Studiomitglieder halten sich über ein bis zwei Stunden, 11 % über zwei bis drei Stunden beim Besuch im Fitnessstudio auf (Statista, 2020c, S. 39 f.). Eigenständiges Workouttraining oder Kurse mit Fitnesstrainern bringen eine vielfältige Zielgruppe von Schwangeren über Bodybuilder und Ausdauersportler bis zu Senioren in Fitnessstudios über einen längeren Zeitraum zusammen und stellen interessante Adressaten dar. Von Roll Ups und Digital Screens im Eingangsbereich über Aufkleber auf den Laufwegen zu den Trainingsräumen und -geräten bis zu Postern an den Türinnenseiten der Spindschränke im Umkleidebereich bieten Sportstätten ein reichhaltiges Inventar an Ambientwerbung.

Elemente, Formen und Formate

- Duschraumwerbung mit wasserfesten, selbstklebenden Folien
- Rahmen mit Postern an der Türinnenseite von Umkleidespinden

- Spiegelwerbung im Sanitärbereich
- Plakatrahmen an den Wänden der Gänge
- Floor Graphics
- Fitness TV (z. B. im Blickfeld von Cardio-, Crosstrainer, Laufbändern, Spinning-Räder)

◄

3.3   Retail

Mit rund 310.000 Unternehmen im Einzelhandel stellt der deutsche Retail nicht nur eine dichte Struktur an Points of Sale dar, sondern auch ein Netzwerk von Touchpoints, über die Unternehmen auf der letzten Meile vor dem Kauf durch Marketingkommunikation noch vor Ort Kaufentscheidungen beeinflussen können (Statistisches Bundesamt, 2020). Neben Drogeriemärkten (z. B. dm, Müller, Rossmann), Kaufhäusern und Warenhäusern (z. B. Galeria Kaufhof/Karstadt, Breuninger), Bekleidungsgeschäften und Modeshops (z. B. C & A, Peek & Cloppenburg, Hennes & Mauritz), Schuhgeschäften (z. B. Deichmann, GÖRTZ, Reno) sowie Bau-, Heimwerker- und Gartenmärkten (z. B. OBI, Bauhaus, Hornbach) bieten insbesondere Lebensmittelsupermärkte (z. B. REWE, Edeka, Globus) in unmittelbarer Nähe, direkt vor oder in den Innenräumen der Verkaufsräumlichkeiten werbliche Kommunikationsmöglichkeiten.

3.3.1   Supermärkte

Auch wenn der Lebensmitteleinzelhandel (inkl. ALDI) mit rund 34.000 Verkaufsstellen nur etwas mehr als zehn Prozent Anteil an der Einzelhandelsstruktur Deutschlands hat, stellt er mit rund 210 Kaufvorgängen pro Haushalt im Jahr eine von potenziellen Zielgruppen intensiv frequentierte Verkaufs- und Kommunikationsfläche dar (IRI, 2020, S. 6; Statista, 2020c, S. 46). So kauften 2019 55,6 Mio. Konsumenten einmal oder mehrmals in der Woche Lebensmittel oder Getränke für den Haushalt ein: Innerhalb der letzten 3 Monate deckten sich für den täglichen Haushaltsbedarf z. B. über 33 Mio. Kunden bei REWE/REWE City und über 32 Mio. Konsumenten bei Edeka ein (VuMA, 2020; S. 10 und 12). Das Portfolio von Ambientwerbeträgern und Verkaufsförderungsmedien, die punktgenau kurz vor dem oder im Moment der Kaufentscheidung in Supermärkten eingesetzt werden, reicht von 18/1-Plakaten auf dem Parkplatz, Mobilplakaten am Einkaufswagen und Bodenaufklebern auf den Laufwegen zwischen den Regalen über Instore-TV und Marktradio bis zu Wobblern, Wippern und Displays an Regalen sowie Warentrennern mit Werbung auf dem Rollband an der Kasse.

Charakteristisch für den Einkauf in Supermärkten ist die Nutzung von **Einkaufswagen,** um auf dem Weg durch das Geschäft die Ware zu sammeln und transportieren. Die Schubwagen begleiten den Kunden von Beginn bis zum Verlassen des Supermarktes und sind durch die zahlreichen Holvorgänge der Ware ein permanenter Touchpoint auf dem Shopping Trip. Kleine Plakate („Cart Boards"; ca. 21 cm × 28 cm) an den Innen- und vorderen Außenseiten und in der Griffläche der Wagen bieten eine hohe Reichweite und Kontaktdichte bei Supermarktkonsumenten: Die mobilen Werbeträger sprechen den schiebenden Kunden von innen, weitere, entgegenkommende Supermarktbesucher durch ihre Außenfläche während des gesamten Einkaufs an. Plakate am Einkaufswagen sind monatlich buchbar mit Belegung von Supermärktenetzen (z. B. EDEKA, Toom, Globus) nach lokaler Streuung, Ballungsräumen, Bundesländern und Handelsformen (Hofe & Rost, 2005, S. 265; Meffert et al., 2018, S. 693).

Auch mit Werbung versehene **Warentrenner** auf dem Rollband an der Kasse („Checkout, Cash Poster", ca. 32 cm × 8 cm) sind im häufigen Blickfeld von Supermarktkunden. Der zum Zahlvorgang anstehende Konsument greift zum Warentrennstab, um seine eigene Ware von der des benachbarten Kunden vor oder nach ihm abzugrenzen. Bei jedem Griff zum Warentrenner und während des Wartevorganges am Rollband wird die Werbebotschaft vom Konsumenten automatisch betrachtet und die darauf platzierte Werbebotschaft bewusst oder unbewusst wahrgenommen.

Auch **Instore Radio** („POS-Radio, Markt-Radio, Ladenfunk, Einkaufsradio") sorgt supermarkttypisch und werbend für akustische Touchpoints zwischen Kunden und Unternehmen direkt im Verkaufsambiente. Ähnlich wie beim frei empfangbaren Hörfunk besteht Einkaufsradio im Retail aus einem Vollprogramm mit Musik und redaktionellen Beiträgen (z. B. Nachrichten, Wetter, Rezepttipps) sowie Werbespots. Die akustische Werbung begleitet die Kunden im Supermarkt während des gesamten Kaufvorganges; inhaltlich können Instore-Radiospots und redaktioneller Content auf das Warenangebot abgestimmt werden. Instore-Radio setzt somit über einen weiteren sensuellen und emotional ansprechenden Kanal Kaufimpulse unmittelbar vor der Kaufentscheidung mit Reminder- oder Aktivierungsfunktion, lenkt Käufer zum Verkaufsregal oder kommuniziert Produktpromotions und Preisaktionen (Kleinjohann, 2020, S. 22; Meffert et al., 2018, S. 693).

Elemente, Formen und Formate

- 18/1-Großflächen auf Anfahrtsstraßen und auf Parkplätzen
- City-Light-Plakate in Supermarktparkhäusern quer zur Fahrt-/Laufrichtung, in Ein-/Ausfahrtzonen, Kassenraum bei Bezahlung/Einlösung des Parktickets
- Bodenbeklebung („Floor Graphics") vor Regalen, an Drehkreuzen im Eingangsbereich direkt im Blickfeld des produktsuchenden Kunden
- Verkaufsregalschilder, -wobbler, -stopper, -blenden, -fahnen, -flaps, -trenner, -rahmen
- Displays, Truhenaufsteller und Deckenhänger
- Instore-TV (z. B. „Hackfleisch TV")

◀

3.3.2 Shopping-Center und Malls

Die 489 Einkaufszentren Deutschlands bieten als Innenstadtgalerien, -arkaden und -passagen, Einkaufs-, City- und Shopping-Center strategisch geplante, konzentriert und aufwendig gestaltete Einkaufsorte und überdachte Marktplätze (Statista, 2020d, S. 49). Ebenerdig und in mehrstöckigen Malls (z. B. Riem Arcaden/München, Elbe-Einkaufszentrum/Hamburg, Centro/Oberhausen, Potsdamer Platz Arkaden/Berlin) versammeln sie an einem Platz zum Teil bis zu 170 verschiedene Geschäfte unter einem Dach mit Produkten aus dem Textil-, Kosmetik-, Schmuck-, Uhren-, Lebensmittel-, Wohn-, Gesundheits-, Schuh-, Sport-, Freizeit- und Elektronikbereich sowie Gastronomie- und Dienstleistungsangebote. Die Zielgruppe (Singles, Paare, Familien, Freundesgruppen) besucht die Shopping-Center, um zur Unterhaltung, Entspannung und Inspiration zu bummeln und flanieren, Luxus-Produkte und Güter des täglichen Bedarfs für sich oder Dritte zu kaufen und an Bars, Cafés und Restaurants Getränke und Food zu konsumieren und genießen. Der häufig mehrstündige Besuch von Shopping-Malls ist begleitet von einer ausgeprägten Konsum- und Erlebnisbereitschaft, die Raum und Zeit für die Wahrnehmung von multisensueller Kommunikation und die Aufnahme von werblichen Informationen in unmittelbarer Nähe eines Point of Sale. Die Betreiber von Einkaufszentren bieten ein vielfältiges Portfolio aus geographisch skalierbaren Werbeträgern. Potenzielle Kunden können durch „Door Branding", „City-Light Poster" oder Aktionsflächen im Rahmen von Multi- oder Omnichannelmarketing auf ihrer Customer Journey mit Image- wie Abverkaufswerbung situativ genau adressiert werden.

Werbeträgertypisch für Shopping-Center bieten „**Mall Videos**" mit einer unterhaltsamen Mischung aus redaktionellem Content und Werbung dynamische Bewegtbildkommunikation. Die 46, 60, und 70 Zoll großen Bildschirme, eingebettet in 2,50 m hohe Stelen, sind mehrfach hintereinander platziert auf Etagen und Fluren längs der Laufwege der Besucher oder an Kreuzungsflächen und Plätzen. Durch ihre synchrone Schaltung im Blickfeld und in Laufrichtung der Konsumenten fallen die Videos und Werbespots auf und erzeugen eine hohe Kontaktdichte während eines Centerbesuches. Die Hochformat-Videostelen können ergänzt werden durch querformatige Flatscreens, die unter den Geschossdecken der Mall installiert sind (Meffert et al., 2018, S. 690).

„**Ceiling Banner**", gruppierte, groß- und hochformatige Banner (ca. 150 × 500 cm) in Lichthöfen, die verschiedene Ebenen des Einkaufszentrums optisch miteinander verbinden, wirken über mehrere Geschosse des Shopping-Centers. Durch die Lichtdurchflutung und Beleuchtung des Shopping-Centers sowie die optische Prominenz aufgrund der Intervallschaltung und Gruppierung erzeugen diese Werbeträger ähnlich wie „**Blow Ups**" große Aufmerksamkeit aus verschiedenen Blickrichtungen und Höhen. „Blow-Ups", große hängende Poster, sind in Shopping-Centern häufig in vorhandenen Rotunden oder über Plätzen mit Treppenaufgängen und Rolltreppen platziert. Mit einer Größe von 20m^2 (ca. 300 cm × 600 cm) sorgen sie für hohe visuelle Prominenz an von Center-Besuchern stark frequentierten Orten.

Elemente, Formen und Formate

- City-Light-Poster auf dem Vorplatz oder an Haltestellen vor Einkaufszentren, an Knotenpunkten, Kassenbereichen und auf Laufwegen
- Parkhaus- und Parkplatzwerbung mit Schrankenbannern, City-Light-Postern, 18/1 Großflächen
- „Door Branding" mit vollflächig verklebten Plakaten auf Drehtüren, Center-Eingangstüren
- Mall-Video mit 180-sekündigen Programmschleifen
- "Escalator Banner" mit Plakaten, Aufklebern längs der Rolltreppen
- "Floor Graphics" im Eingangsbereich, auf Plätzen oder Laufwegen

◄

Mobile Einsatzorte von Out-of-Home-Kommunikation

Die hohe Mobilität der deutschen Konsumenten zu Fuß, mit Fahrrad, Motorrad und Automobil als Fußgänger und Passant, Fahrgast, Fahrer und Beifahrer zwischen Wohnsitz, Arbeitsplatz und Freizeitort ist ein ambivalentes Phänomen: Einerseits erfordert diese Situation von einer vollumfänglichen und gezielten Marketingkommunikation, Zielgruppen auch unterwegs werblich zu treffen. Andererseits bieten die Mobilität und die dabei genutzten Verkehrsträger die Chance, mit mobilen OOH-Medien wie Bussen und Bahnen, Taxis und LKW aber auch mit mobilen Werbemedien wie „Billboard Vans" und „Sandwich Men" große Aufmerksamkeit bei potenziellen Käufern auf Straßen und Plätzen zu erzeugen.

4.1 Verkehr und Transport

Aufgrund der täglichen, zum Teil mehrmaligen Nutzung von privaten und öffentlichen Verkehrsmitteln durch Konsumenten für den Einkaufs- oder Berufsweg machen Eisenbahnen, Busse, Stadt-, Schnell-, Untergrund- und Straßenbahnen sowie Taxis und LKWs zu attraktiven und effizient für Marketingkommunikation einsetzbaren mobilen Touchpoints. Werblich genutzte Transport- und Verkehrsmittel kommunizieren in Kombination mit den stationären OOH-Immobilien dabei nicht nur mit den Passagieren des ÖPNV, sondern mit allen weiteren Straßenverkehrsteilnehmern und Passanten im urbanen Raum sowie Autobahnnutzern (Hofe & Rost 2005, S. 93; Meffert et al., 2018, S. 677).

M. Kleinjohann, *Marketingkommunikation mit Out-of-Home-Medien*, essentials, https://doi.org/10.1007/978-3-658-35503-6_4

4.1.1 Eisenbahnen/Züge

Regionalbahnen und insbesondere Intercity- und Eurocity-Züge, die deutsche und europäische Städte auf längeren Distanzen verbinden, stellen während ihrer Fahrten auf den Bahnstrecken und Aufenthalten an Bahnhöfen für Reisende tags und nachts eine kommunikative Umgebung dar, die für Produktkommunikation förderlich ist. Die Zugpassagiere halten sich über einen häufig mehrstündigen Zeitraum in den Bahnwaggons auf; in diesem auch räumlich begrenzten Kosmos sind Bahnfahrgäste grundsätzlich – und auch werblicher – Kommunikation gegenüber situationsbedingt aufgeschlossen, insofern sie die Fahrzeit nicht mit Schlafen, Arbeiten oder Medienkonsumieren verbringen. Neben dem Aushang und der Auslage von Werbeprospekten in den Zügen kommunizieren Werbeelemente wie Plakate und hinterleuchtete, großformatige Dias an hoch frequentierten Plätzen im Ein- und Ausstiegsbereich und den Großraumwagen der ICE-Züge mit potenziellen Zielgruppen während der Bahnreise. Loks transportieren auf rund 18 m Länge mit fast 100m^2 vollflächig gestalteter Karosserie bundesweit Werbung in Bahnhöfen und auf ihren Fahrten (Hoffmann, 1999, S. 475).

Elemente, Formen und Formate

- Lokwerbung
- Unbeleuchtete, beleuchtete DIN-A2-Plakate ("Trainposter, Train Light Poster") im Hochformat
- DIN-A3-Innenplakate
- Doppelseitige Seitenscheibenplakate
- Deckenflächenplakate
- Fahrgastfernsehen im Regionalverkehr

◄

4.1.2 Busse, Straßenbahnen und U-/S-Bahnen

Werbung in und an Bussen, Stadt-, Schnell-, Hoch-, Untergrund- und Straßenbahnen des ÖPNV hat mehrfache Wirkungschancen im Rahmen von OOH-Kampagnen. Denn Werbung innerhalb von Personentransportmitteln im öffentlichen Nahverkehr trifft auf eine Zielgruppe, die situationsbedingt über einen längeren Zeitraum während ihres Weges zur Schule, zur Arbeit, zum Einkaufen oder für Unternehmungen in der Freizeit grundsätzlich Produktkommunikation gegenüber aufgeschlossen ist. Wenn ÖPNV-Passagiere während des Fahrens und

Stehens der Busse und Bahnen nicht auf Smartphones, Tablets, Notebooks, Bücher, Zeitschriften und Zeitungen konzentriert sind oder schlafen, gleitet ihr Blick unweigerlich durch die Fahrgasträume sowie Fenster der Transportmittel. Werbemittel, die im Inneren von Bussen und Bahnen an Decken, Wänden, Türen oder Fenstern angebracht sind, stören und fangen so den Blick der Passagiere ein. Werbeelemente außerhalb der Transportfahrzeuge an den Fahrstrecken oder auf den Bahnsteigen erzeugen bei den Reisenden Aufmerksamkeit und wecken das Interesse an den beworbenen Produkten oder Dienstleistungen. Außen an den Karosserien von Bussen, S-, U- und Straßenbahnen teil- oder ganzflächig, ein- oder beidseitig bedeckend angebrachte visuelle Produktkommunikation wirkt durch ihre nicht wegzuschaltende Präsenz und ihre optisch reizenden Motive im Straßenverkehr bei Straßenverkehrsteilnehmern wie Passanten (Hoffmann 1999, S. 475; Meffert et al. 2018, S. 679).

Besondere werbliche Präsenz erzeugt „**Fahrgast TV**". Auf unter der Decke angebrachten Bildschirmen in Straßen-, S- oder U-Bahnwagen sowie Bussen in Großstädten wechselt sich ein unterhaltsamer und informativer Contentmix aus „*Editorials*" und „*Advertorials*" ab. Innerhalb von zwei Stundenslots erhalten Fahrgäste neben Informationen über den Verkehrsmittelbetreiber, die Fahrpläne und die vorausliegenden Stationen werbliche Spots auf Screens ausgespielt (z. B. Berufspendler über das Kino- oder Theaterprogramm, Studierende über Club- oder Veranstaltungstipps, Touristen über nützliche Reise- oder Restaurantempfehlungen). Vom Einstieg über die Fahrt vom Sitzplatz bis zum Ausstieg bleibt die Bewegtbildwerbung im Blick der mobilen Konsumenten, die während der Fahrt und bei Stopps Zeit haben, dem Infotainmentprogramm des Fahrgastfernsehens fokussiert zu folgen (Günther, 2019a).

Elemente, Formen und Formate

- Aufkleber an Decken und Fenstern, direkt über den Fenstern im Sitzbereich und in Augenhöhe der stehenden Fahrgäste
- DIN A2/A3-Plakate/-Poster in Alurahmen an Türwänden, hinter dem Fahrersitz platziert
- Anhänger an Haltegriffen und -stangen von Bussen und Bahnen („Swing Cards")
- Ein- oder beidseitig mit durchsehbaren Folien beklebte Seiten- und Heckscheiben
- „InfoScreens" auf Monitoren mit Stand- oder mobilen Spots
- Ganzbeklebung ($50m^2$), Teilbeklebungen am Heck ($5m^2$), beidseitig an den Rümpfen ($40m^2$) von Bussen und Bahnen

- Traffic Boards an den Rumpfseiten mit 4/1 und 18/1-Großplakate auf Busseitenflächen von Dach bis Boden, inklusive von innen durchsehbarer Seitenscheibenbeklebung

◄

4.1.3 Taxis

Auch wenn die Taxidichte (Anzahl Taxis/Anzahl Stadteinwohner) in deutschen Großstädten sehr unterschiedlich ist, sind Taxis wichtige Akteure im öffentlichen Verkehr deutscher Städte und prägen das Stadtbild. Insgesamt betreiben in Deutschland 20.932 Taxibetriebe 53.302 Taxifahrzeuge (z. B. in Berlin 8138 Taxis, München 3336 Taxis, Hamburg 3171 Taxis und beförderten 2.018 insgesamt 440 Mio. Personen (Bundesverband Taxi & Mietwagen, 2019, S. 108, 114). Aufgrund hoher Anzahl, ständiger Bewegung, regelmäßiger Fahrfrequenz und typischem Design (z. B. RAL Farbe 1015 „Hellelfenbein", Taxischild auf dem Dach) sowie den zahlreichen Sammel- und Warteplätzen haben Taxis prominente Präsenz im urbanen Raum. Durch häufige Ein- und Aussteigehalte sowie Standzeiten an *points of high traffic,* hohe Taxikilometerleistung von bundesweit 2,98 Mrd. Kilometern einerseits und Verweildauer von Fahrgästen in Taxis andererseits, bieten Taxifahrzeuge Fläche und Zeit für werbliche Kommunikation – außen auf der Karosserie und im Fahrgastraum. Typische Taxi-Touchpoints zwischen Passagieren und Straßenverkehrsteilnehmern auf ihrer Customer Journey sowie Werbungtreibenden stellt Innenraum- und Außenwerbung auf seitlichen Fahrzeugtüren, Dach, Heck und Motorhaube als quasi „*mobile Plakatstelle*" dar (Hoffmann, 1999, S. 476; Hofe & Rost, 2005, S. 148; Schloßberger, 1998, S. 264).

Elemente, Formen und Formate

- Dachwerbung mit flexibel austauschbaren Einlegeplakaten bzw. beleuchteten Ministelen
- Sonderaufbauten auf Augenhöhe von Passanten
- Seitenwerbung auf den Türen (160 × 30 cm) mit Klebe- oder Magnetfolien („Door Cover")
- Kopfstützenwerbung (20 × 13 cm)
- Einseitig bedruckte, von innen durchsichtige Lochfolien auf den hinteren Seitenscheiben, als Einzelmotiv, Teil von Ganztür-Werbung mit Motivübergang auf die Türfläche
- Innenraumwerbung im hinteren Fahrgastbereich mit Aufklebern, auf digitalen Screens auf oder zwischen Kopfstützen

◄

4.1.4 LKW

Auf Landstraßen, Bundesautobahnen und im städtischen Verkehr prägen Lastkraftwagen (LKW) von Speditionen und Transportunternehmen mit Pritschenaufbau und Plane, geschlossenem Kastenaufbau oder mit Wechselaufbau (z. B. Container) das Bild des öffentlichen Raumes. Lokal, regional, national und europaweit transportieren LKW mit Anhänger oder als Sattelzüge mit Aufliegern Güter für den täglichen Bedarf, haben dabei eine hohe Kilometerleistung und fahren in der Regel feste Routen. Allein 354.463 Sattelanhänger/Sattelauflieger waren in Deutschland 2019 gemeldet (Kraftfahrtbundesamt 2020). Aufgrund ihrer kontinuierlichen Präsenz auf den Straßen sind LKW ständig in der Optik von Autofahrern, anderen Straßenverkehrsteilnehmern und Passanten und werden dabei zwangsläufig von diesen häufig wahrgenommen (TMC 2017, S. 48). Ihre Aufbauten und Außenflächen bieten sowohl fahrend wie geparkt interessante Touchpoints für werbliche Kommunikation mit Konsumenten im öffentlichen Raum. Insbesondere die beidseitigen Aufbau- bzw. Anhängerseiten bieten großformatige Werbeflächen; die Heckflächen liegen bei hinter LKW fahrenden oder im Stau stehenden Straßenverkehrsteilnehmern unübersehbar direkt im Blickfeld. Aufgrund exakten Geotargetings und fixen Routen können LKW als rollende OOH-Werbeträger effizient und wirkungsvoll eingesetzt werden, um mobile Bevölkerungsgruppen im gesamten Tagesverlauf auf ihrer Customer Journey zu begleiten und werblich anzusprechen (Hoffmann, 1999, S. 476; Hofe & Rost, 2005, S. 141; Meffert et al., 2018, S. 683; Schloßberger, 1998, S. 266).

Elemente, Formen und Formate

- 6 m²-Heckflächenwerbung (circa 230 cm breit/250 cm hoch)
- 24 m²-Seitenflächenwerbung (1300 m breit/250 cm hoch)
- 80 m²-Werbung mit Klebefolien auf linker und rechter LKW-Seite sowie auf dem Heck („Full Branding")

◄

4.2   Mobile Werbemedien

Neben Werbung auf den Verkehrsmitteln des ÖPNV können auch selbstfahrende „automobile" Werbeträger und menschliche Promotoren für Aufmerksamkeit bei Konsumenten im öffentlichen Raum sorgen. Mobile Plakatsysteme auf zwei- und vierrädrigen, von menschlicher Muskelkraft oder Motoren angetriebene Fahrzeuge bieten ebenso wie mit Werbemitteln versehene Menschen zeit- und ortsgenaue Ansprachemöglichkeiten mit hoher Aufmerksamkeitswirkung.

4.3   Automobile Werbeträger

Kampagnenbezogene Werbung auf mobilen Anhängern, mit Muskelkraft oder Motoren angetriebenen oder ferngesteuerten Werbemobilen, bieten Werbeflächen, die nach Größe, Anzahl und Form flexibel wähl- und skalierbar sind. Die mobilen Plakatsysteme werden auf Straßen und Radwegen im urbanen Raum ganztägig, zu verkehrsreichen Zeiten oder im Umfeld von *points of high traffic* von Promotern gefahren oder von PKW als Anhänger gezogen sowie an publikumsreichen Locations geparkt; sie bieten auf Dreieckständergestellen beidseitig gerade oder gebogene Flächen, die mit Werbung beklebt oder mit Werbepostern versehen sind. Unabhängig von der Prominenz ihrer Werbemotive fallen Werbemobile durch ihre Größe und Bewegung anderen Straßenverkehrsteilnehmern, Fußgängern und Passanten im öffentlichen Raum auf. Insbesondere durch den Einsatz mehrerer Werbemobile konzentriert rund um eine Eventlocation (z. B. Messe, Ausstellung, Sportveranstaltung) zu den Stoßzeiten der ankommenden und abreisenden Besucher, Gäste und Teilnehmer erwecken diese Aufmerksamkeit und eignen sich sowohl für Business- wie für Endverbraucherkommunikation. Auch im abgestellten Zustand (z. B. an Kreuzungen, Ampelanlagen, Ein- und Ausfallstraßen) oder als visuelle Unterstützung von Promoter-Teams und Aktionsflächen vor Ort fallen die Werbemotive aufgrund ihrer Ausmaße auf.

Ambient-Fahrräder bringen Werbung umweltfreundlich und nachhaltig, sympathisch und glaubwürdig bei adressierten Zielgruppen ins Rollen. Die Werbemobile werden als Werbeelemente an das Fahrrad gehängt und auf Radwegen von den fahrradfahrenden Promotern auf Auto- und Fahrradstraßen oder -wegen gezogen; die Werbemittel (ca. 120 cm × 180 cm) sind auf Augenhöhe angebracht. Zielgruppenorientiert können Einsatzorte, -routen und -zeiten (z. B. in der Nähe eines POS) individuell abgestimmt werden.

Motorisierte **City-Light-Plakat-Roller** transportieren auf Anhängern dreidimensionale Werbedisplays (ca. 30 cm × 105 cm × 150 cm), die hinterleuchtet sind und deren Werbeflächen durch Glas geschützt sind. Durch die gegenüber Fahrrädern höhere Reichweite aber auch ähnlich auffallende Mobilität sowie zusätzlichen Stauraum, stellen die Poster-Vespas auch eine schnell bewegbare Kulisse für Samplingaktionen im urbanen Raum dar.

Fahrrad-Rischkas als moderne Velo-Taxis shutteln insbesondere in touristischen Metropolen Touristen durch den urbanen Raum und haben dabei eine hohe Kontaktdichte mit anderen Straßenverkehrsteilnehmern und Fußgängern. Teilweise oder komplett mit Werbekampagnenmotiven gebrandet, erzeugen die mit Muskelkraft angetriebenen Dreiräder durch ihre auffallende Form und umweltfreundliche Fortbewegungsart Sympathie und Aufmerksamkeit.

Screen Mover bewegen sich ferngesteuert insbesondere auf Vorplätzen von Messen und Stadien wirkungsvoll; sie können durch den Einsatz von Flyerhalterungen, Duftmarketing und Acoustic Branding interaktiv mit der Zielgruppe Kommunikation aufnehmen. Die fahrenden Stelen sind mit TV-Screens und darauf ablaufenden Kampagnenspots oder hinterleuchteten City-Light-Postern ausgestattet. Da Passanten nicht mit der Bewegung derartiger mobiler Vitrinen rechnen, sorgt der Überraschungseffekt für hohe Aufmerksamkeit.

Durch die Stadt fahrende, von Promotern gesteuerten „**Billboard Vans**" („Motor Poster, Mobile Plakate"), bieten in der Kombination von Größe der Werbeträger, Anzahl der Fahrzeuge und geographisch wie zeitlich gezielter Beweglichkeit durch eine Routenplanung, besonders mobil und flexibel einsetzbare Werbeträger. Beidseitig auf den Ladeflächen der Transporter angebrachte 18/1- oder 28/1-Großflächen, plakatierte Front- und Heckflächen sowie Beleucht- und Beschallbarkeit der Fahrzeuge, erzeugen auf Entfernung wie in naher Betrachtung große werbliche optische und akustische Prominenz. Mit zusätzlichen Ladeflächen, Stauräumen und Bühnen unterstützen diese Werbemobile Promotions und Aktionen rund um *points of high traffic* oder Events.

Elemente, Formen und Formate

- Plakat-Werbeflächen (200 cm Breite × 100 cm Höhe), Poster-Werbeflächen (350 cm Breite × 250 cm Höhe (18/1) auf einachsigen Anhängern („Standard")
- Banner-Werbefläche (600–700 cm Breite × 270–350 cm Höhe) auf zweiachsigen Anhängern („Big", „Gigant")
- LED-innenbeleuchtete Werbeanhänger mit Farbwechsel
- Mobile TV-Screens

◀

4.4   Menschliche Werbeträger

In unmittelbarer Nähe (z. B. Fußgängerzonen, Messevorplätzen, Stadioneingängen) oder direkt in Menschenansammlungen (z. B. bei Open-Air-Festivals, Filmpremieren) erzeugen menschliche Werbeträger durch die Kombination eines Promoters und eines physischen Werbeplakates, eines dreidimensionalen Objektes (z. B. überdimensionalen Produkt) oder eines digitalen Screens große Aufmerksamkeit und erzeugen direkten Kontakt mit der Zielgruppe. Durch den Einsatz von zahlreichen, gebrandeten und mit Werbeträgern versehenen Promotern in Gruppen in einer räumlichen Konzentration wird das Kommunikationspotenzial unabhängig von den eingesetzten Kreativmotiven erhöht. Die Promoter bewegen sich zu Fuß oder auf Fahrrädern, Rikschas, Motorrollern oder Scootern und tragen (z. B. auf der Brust, dem Rücken und dem Kopf) oder bewegen dabei das Werbemittel (z. B. Poster, Fahnen, Ballons). Je nach Werbestrategie können Promoter weitere Werbemittel (z. B. Flyer, Rabattgutscheine) oder Produktproben verteilen sowie in gezielte Interaktion mit den Konsumenten treten.

Elemente, Formen und Formate

Poster Walker tragen ein überdimensionales Werbeplakat auf dem Rücken, und erzeugen Aufmerksamkeit durch ihre Bewegung und das die Menschenmenge überragende Werbemittel, das auch aus großer Entfernung durch die Höhe des Posters zu erkennen ist.

Mit einem Flachbildschirm versehene Promoter sorgen als multimedialer **Screen Walker** für Aufmerksamkeit, Werbung und Interaktion mit den umgebenden Passanten.

Living Banner sind große Plakate im Querformat, die von zwei Personen durch die Einkaufsstraßen oder entlang wichtiger *points of high traffic* in Stadtzentren getragen werden.

Mit einem auf dem Rücken und vor der Brust angebrachten Poster (ca. 70 cm × 100 cm) oder Klapprahmen mit einem Plakat, ist der **Sandwich Man** („Moving Board") ein Eyecatcher, der über sein Werbemittel mit den ihm folgenden und entgegenkommenden Konsumenten werblich kommuniziert.

Ähnliche Funktion und Wirkung haben **Running Flags,** bei denen Beachfahnen an Fahnenstangen befestigt von Promotern auf dem Rücken getragen werden. Durch die Höhe und Dynamik der Flaggen sind diese Werbeträger ähnlich wie **Balloon Walker** mit Helium gefüllten und werblich gebrandeten Ballons (Durchmesser ca. 250 cm) in Menschenansammlungen auffallend und wahrnehmbar.

Aufwendiger in der Produktion und werbewirksamer sind **Product Walker,** die ähnlich wie ein Sandwich Man in den Werbeträger integriert sind und sich als menschliches, überdimensionales Produkt in der Zielgruppe bewegen.

Zur eindrucksvollen Promotion bei mobilen Zielgruppen in der Nacht erzeugt der **Beamer Man** hohe Aufmerksamkeit mit sympathischem Unterhaltungseffekt: Ausgestattet mit einem mobilen Projektor bewegt der Promoter sich durch Fußgängerzonen und platziert sich vor Szenekneipen oder Eventlocations und beamt multimedial die Werbung als Standbild, Video oder Diashow mit starker Leuchtkraft auf Fassaden, Haustüren, Garagentore oder Gehwege direkt in das Blickfeld der Zielgruppe.◄

Digitale Out-of-Home-Kommunikation 5

„Digital Out of Home"-Marketingkommunikation (DOOH) ist Werbung mit durch digitale Technik transportierenden oder projizierenden Werbeträgern (z. B. LCD-Screens, Monitore, Tablets) im öffentlichen Bereich auf stationären wie mobilen Werbeträgern. Grundsätzlich kennzeichnend für digitale OOH-Medien sind die Möglichkeiten, Werbemittel direkt, indirekt, lichtstark, kosteneffizient und effektvoll zu illuminieren (z. B. durch Hintergrundbeleuchtung, LED-Monitore) und damit animierten oder bewegten audiovisuellen Content zu transportieren (z. B. Bewegtbild, animierte Graphiken, Ton). Die besondere Attraktivität von DOOH-Werbung macht das exakte crossmediale Zielgruppen-Targeting („Passanten-Tracking") und das Ausspielen von zeitlich, situativ und inhaltlich angepasstem DOOH-Content (z. B. aufgrund von Änderungen der Wetter-, Nachrichten- oder Verkehrslage) in Echtzeit mit digitalen Technologien (z. B. Geofencing, WiFi-Tracking, iBeacons) und der Nutzung von „Programmatic Advertising" und „Big Data" aus (Leitherer 2019). Zudem können mit DOOH-Werbeträgern Reaktionen von passierenden und rezipierenden Zielgruppen provoziert und ermöglicht werden (z. B. via QR-Code, NFC, WLAN).

Crossmedialität Kombinierte OOH- und DOOH-Werbung, bei der die gleiche Bildsprache sowie das gleiche Keyvisual eingesetzt wird, hat einerseits eine höhere Reichweite und erhält somit mehr Aufmerksamkeit und Glaubwürdigkeit; andererseits sind die erzielten Kampagnenkontakte intensiver („Multiplying-Effekt"). Für den erfolgreichen „Visual Transfereffekt" sollten TV-Spots und klassische oder digitale Plakate so kreativ aufeinander abgestimmt sein, dass die Bildsprache einheitlich ist und Keyvisual und Kernbotschaft aus dem TV-Spot im Plakatmotiv wiederfindbar sind (WallDecaux, n. d. b, S. 19).

© Der/die Autor(en), exklusiv lizenziert durch Springer Fachmedien Wiesbaden GmbH, ein Teil von Springer Nature 2021
M. Kleinjohann, *Marketingkommunikation mit Out-of-Home-Medien*, essentials, https://doi.org/10.1007/978-3-658-35503-6_5

Geo-Fencing Durch Geo-Fencing können in verschiedenen geographischen Arealen unterschiedliche Anzeigen ausgespielt werden, um die lokale Zielgruppe mit für sie relevanten lokalen Inhalten zu versorgen. Die Technologie ermöglicht es, koordiniert die gleichen Werbemotive auf den Fahrzeug-Displays wie auf passierten Plakatwänden zu präsentieren. Der Fahrdienstleister Uber z. B. will künftig digitale Werbetafeln auf den Dächern von Fahrzeugen mit je acht Sekunden langen Werbebildern oder Videos zeigen, die an die Tageszeit und den Standort des Uber-Fahrzeugs angepasst sind (Velten, 2020).

WiFi-Tracking Flugpassagiere können via WiFi-Tracker kombiniert mit exogenen Faktoren wie Datum, Uhrzeit, Gate, Airline, Reiseziel und Flugzeit identifiziert werden und Prognosen für Kontaktvolumen und Zielgruppenmerkmale je Gate am Flughafen für den Werbeträger „Gate-TV" am Airport erstellt werden. Nähert sich der identifizierte und adressierte Konsument während der Kampagne dem DOOH-Screen, wird direkt ein Link zu dem beworbenen Content in das WLAN-Suchfeld des Smartphones übertragen, sodass Interessierte unmittelbar am Werbeträger mobil online gehen können (Günther, 2019b; Cittadino, 2020).

iBeacon An Raststätten installierte iBeacons senden in festen Intervallen ein Signal, das von Smartphones und Tablets erkannt und empfangen wird, wenn sie in die Reichweite des Senders kommen. Das Smartphone leitet das Signal an seine auf das iBeacon abgestimmten Apps weiter, die daraufhin bestimmte Aktionen auf dem Gerät des Raststättenbesuchers auslösen (z. B. Bereitstellung digitaler Services, Einblendung von Produktinformationen, Werbung oder Hinweise auf Sonderangebote) (Günther, 2019b; Cittadino, 2020).

Big Data Basis derartiger intelligenter, datengetriebener oder -gestützter digitaler Werbekampagnen über Cross-Digital-Devices ist die umfangreiche und detaillierte Sammlung, Analyse und Nutzung unterschiedlichster Datenquellen und -typen. Dazu eignen sich allgemeine Daten, die sich in den geographischen Raum, in dem DOOH-Werbeträger und Zielgruppen aufeinandertreffen, projizieren lassen (z. B. haushaltsbezogene Daten des Standortes). In Kombination einer datenschutzkonformen Aggregation mobiler Daten von Konsumenten (z. B. durch anonymisierte Analyse unterschiedlicher Smartphone-Apps) werden Bewegungsprofile erstellt und diese den DOOH-Werbeträger-Standorten zugeordnet. Auf Basis von Zielgruppeninformationen wie Soziodemographien, Interessen, Kauf-Intentionen, Markenaffinitäten, Bewegungsverhalten (z. B. Shop-Besuche, längere Aufenthalte, häufige Laufwege) werden auf Basis eines verdichteten Datasets prototypische

Zielgruppencluster für eine effiziente Werbeplanung gebildet (WallDecaux, n. d. a, S. 27).

Programmatic Advertising   Durch den automatisierten Einkauf von Werbeflächen über digitale Technologien und „Demand-Side-Plattformen" (DSP) können Werbungtreibende in Echtzeit Werbeinventar bei entsprechenden DOOH-Vermarktern einkaufen, mit zielgruppen- und standortrelevanten Daten verknüpfen und damit Werbekampagnen *out of home* programmatisch aussteuern (Kreutzer, 2019, S. 102; Meffert et al., 2018, S. 806; Fraunberg, 2021). „Programmatic Digital Out of Home" verbindet damit die hohe Reichweite der klassischen OOH-Werbung mit der gezielten Aussteuerbarkeit der Digitalwerbung in einer bestmöglichen Kosten-Nutzen-Relation (Günther, 2019c; Günther, 2019d; Thieme, 2019).

Elemente, Formen und Formate

- Digitale Infoscreens („Rail Beamer")
- Digitale Bahnhofsmedien
- Digitale Shoppingmedien
- Digitale City-Light-Poster/-Boards
- Fahrgast-TV
- Digitales Instore-TV (z. B. Media-Markt & Saturn TV)
- Digitales Gastronomie-TV (z. B. Mc Donald's & Burger King TV)

◄

6

Außenwerbung, Verkehrsmittelwerbung und Ambientwerbung in klassischer, wie digitaler Form ist Out-of-Home-Marketingkommunikation in natürlicher Umgebung. Als Reichweiten- oder letztes Massenmedium, das Rezipienten nicht fragmentiert, können Unternehmen Konsumenten im öffentlichen Raum geographisch wie zeitlich differenziert sowie skalierbar und effektiv mit Werbung ansprechen. Die Adressierung via OOH-Medien ist aufgrund der Ubiquität und Omnipräsenz der Werbeträger unübersehbar und erschließt im Multi- oder Omnichannel-Marketing zusätzlich mobile Kunden und Out-of-home-Konsumentenpotentiale. DOOH-Werbung mit automatisierbarer situativer und zeitlicher Aussteuerung sorgt für eine zusätzliche digitale und visuelle Dimension im Zusammenspiel aus digitaler und physischer Welt. Durch digitale Technologien und die Nutzung von „Big Data" können Werbungtreibende die gesamte Customer Journey von Konsumenten an allen relevanten Touchpoints als cross- und multimediale, analoge und digitale Communication Journey gestalten.

Damit Marketingkommunikation mit OOH-Medien erfolgreich ist, muss diese von Werbungtreibenden sowie Kreativ- und Mediaagenturen als eigenständige Disziplin angesehen werden, die eine jeweils medienadäquate Umsetzung erfordert. Beachtet werden sollten bei Planung, Kreation und Einsatz klassischer wie digitaler Außen-, Verkehrsmittel- oder Ambientwerbung folgende Regeln:

1. Das analoge und digitale Such- und Kaufverhalten von Konsumenten ist individuell: Mit digitalem Bewegtbild, NFC-Tags, QR-Codes oder iBeacons erhalten mobile Konsumenten via Smartphone aktive, Dialog aktivierende Kommunikationsimpulse während ihrer Mobilität.
2. Die Informations- und Rezeptionssituation für OOH-Werbung ist geographisch und zeitlich spezifisch: Die Gestaltung von Plakaten sollte werbeträgertypisch

M. Kleinjohann, *Marketingkommunikation mit Out-of-Home-Medien*, essentials, https://doi.org/10.1007/978-3-658-35503-6_6

(kein „*copy* Anzeige & *paste* Plakat"), auffallend und kontrastreich, die Bilder ästhetisch und/oder emotional, die Texte einfach und leicht verständlich und die Werbeobjekte groß und mittig prominent („packshot") inszeniert sein.

3. Außenwerbung hat wie andere Marketingkommunikation ein „fade out" in der Wirkung: Um Konsumenten nachhaltig mit Kampagnen zu beeinflussen, zur Information und final zum Kauf zu aktivieren, sind mehrere OOH- oder DOOH-Flights in Abständen sinnvoll.

4. Die Out-of-Home-Situation bietet Chancen für Werbung, die ebenso mit Überraschung wie mit Erwartung spielt: OOH-Werbung, insbesondere im Guerillamarketing, darf überraschend sein und unerwartet an Standorten und in Situationen umgesetzt sein, an denen klassischerweise keine werbliche Kommunikation stattfindet. OOH-Werbung sollte in ihrer Inszenierung, Kommunikation und Botschaft möglichst konsistent mit dem vom Konsumenten erwarteten Produktimage oder Markenbild sein.

5. DOOH- und OOH-Werbeträger stellen natürliche und allgegenwärtige Touchpoints mit Konsumenten dar: Ihre medientypische Vielfalt und Vielzahl sollte solitär wie kombiniert genutzt werden, um die Customer Journey ebenso vielfältig für die Marketingkommunikation zu nutzen.

Was Sie aus diesem *essential* mitnehmen können

- Außen-, Verkehrsmittel- und Ambientwerbung ist ein empirisch bewiesenes, grundsätzlich und nachhaltig wirkungsvolles Instrument der Marketingkommunikation im öffentlichen Raum.
- OOH-Medien, singulär wie kombiniert mit anderen, klassischen Werbeträgern eingesetzt, verstärken die multisensuale Kommunikation für Produkte und Dienstleistungen.
- OOH-Kommunikation bietet aufgrund der Vielfalt der Werbeträger, Werbeformate und Werbemittel sowie der differenzierten zeitlichen Aussteuerung und exakten geographischen Selektion von Werbestandorten eine große Reichweite und Wirkungskraft, um lokale, regionale oder nationale Zielgruppen in kurzer Zeit zu adressieren.
- Aufgrund der visuellen Prominenz der Werbeelemente mit Platzierung, Formatgröße, Farbigkeit, Beleuchtung und Beweglichkeit sorgt OOH-Kommunikation für aufmerksamkeitsstarke Omnipräsenz im öffentlichen Raum.
- Aufgrund der Skalierbarkeit von geographischer Reichweite, zeitlicher Dauer und Größe der Werbeträger kann OOH-Werbung von Unternehmen jeglicher Größenordnung mit unterschiedlich großen Werbebudgets effizient genutzt werden.
- OOH-Kommunikation ist im strategischen wie operativen Omnichannel-Marketing aufgrund der zahlreichen physischen und digitalen Einsatzfelder vielfältig und synergetisch verwendbar.

M. Kleinjohann, *Marketingkommunikation mit Out-of-Home-Medien*, essentials, https://doi.org/10.1007/978-3-658-35503-6

Literatur

ADV (2020). Arbeitsgemeinschaft Deutscher Verkehrsflughäfen. *ADV-Monatsstatistik 12/2019*. Berlin.

agma (n.d.). *Arbeitsgemeinschaft Media-Analyse.* https://www.agma-mmc.de/. Zugegriffen: 04. April 2021.

Beyer, C. (2020). *Kongruenz in der Crossmedia-Kommunikation: Eine Untersuchung der Determinanten und Wirkungen* (1. Auflage). *Schriftenreihe der HHL Leipzig Graduate School of Management.* Wiesbaden: Springer Gabler. https://doi.org/10.1007/978-3-658-28424-4

bitkom. (2020). *E-Commerce und stationärer Handel - So digital shoppen die Deutschen.* https://www.bitkom.org/Bitkom/Publikationen/Bitkom-Studienbericht-E-Commerce-und-stationaerer-Handel. Zugegriffen: 04. April 2021.

Boenigk, M. & Dopf, M. B. (2012). Werbekommunikation aus betriebswirtschaftlicher Sicht II: Der Ansatz der Integrierten Kommunikation und seine Erweiterungen. In N. Janich (Hrsg.), *Handbuch Werbekommunikation: Sprachwissenschaftliche und interdisziplinäre Zugänge. utb-studi-e-book: Bd. 8457* (1. Auflage, S. 453–463). Tübingen: Francke.

Bruhn, M. (2014). *Integrierte Unternehmens- und Markenkommunikation. Strategische Planung und operative Umsetzung* (6 überarbeitete). Schäffer Poeschel.

Bruhn, M. (2016). Entscheidungskriterien und Methoden der Intramediaselektion in der strategischen Kommunikation. In M. Bruhn, F.-R. Esch & T. Langner (Hrsg.), *Springer Reference Wirtschaft. Handbuch Strategische Kommunikation: Grundlagen - Innovative Ansätze - Praktische Umsetzungen* (2. Auflage, S. 419–446). Wiesbaden: Springer Gabler.

Bruhn, M. (2019). *Kommunikationspolitik: Systematischer Einsatz der Kommunikation für Unternehmen* (9. Aufl.). Vahlen.

Bruhn, M. (2019b). *Marketing: Grundlagen für Studium und Praxis.* (15. überarbeitete Auflage.) Wiesbaden: Springer Gabler.

Bundesministerium für Verkehr und digitale Infrastruktur. (2018). *Mobilität in Deutschland: Vorstellung ausgewählter Themen.* Berlin.

Bundesministerium für Verkehr und digitale Infrastruktur. (2019a). *Mobilität in Deutschland - Kurzreport: Verkehrsaufkommen - Struktur - Trends.* Berlin.

Bundesministerium für Verkehr und digitale Infrastruktur. (2019b). *Mobilität in Deutschland - MiD: Ergebnisbericht.* Berlin.

Bundesverband der Deutschen Luftverkehrswirtschaft e.V. (2020). *Jahresbilanz 2019: Zur Lage der deutschen Luftverkehrswirtschaft.* Berlin.

Bundesverband Taxis und Mietwagen e.V. (2019). *Geschäftsbericht 2018/2019.* https://www.bzp.org/Content/INFORMATION/Geschaeftsbericht/index.php. Zugegriffen: 04. April 2021.

Cittadino. (2020). *Autobahn: Der schnellste Weg zum Erfolg: Mediadaten DOOH Autobahn Channel.*

Crossvertise (2020). *Formate der Plakatwerbung: Übersicht.* München.

DeHoGa (n. d.). Deutscher Hotel- und Gaststättenverband. *Zahlen und Fakten 2019.* Berlin. https://www.dehoga-bundesverband.de/zahlen-fakten/anzahl-der-unternehmen/. Zugegriffen: 04. April 2021.

Deutsche Bahn. (2019). *Daten & Fakten 2019.*

Deutsche Bahn. (2020). *Wussten Sie schon, dass...?*

Dorsch, M. (2021). *Verkehrswirtschaft: Eine Einführung mit Fallstudien* (3. Aufl.). UTB.

DSSV (2021). Arbeitgeberverband deutscher Fitness- und Gesundheits-Anlagen. *Deutscher Fitnessmarkt.* https://www.dssv.de/presse/statistik/deutscher-fitnessmarkt/#&gid= lightbox-group-3148&pid=0. Zugegriffen: 04. April 2021.

EFT (n.d.). Einkaufsgesellschaft Freier Tankstellen. *Alvern: Werbung für Ihre Tankstelle: Zapfpistolenwerbung – ideale Werbeplattform für Ihre Station.* https://www.eft-service. de/tankstop-artikel/archiv/werbung-fur-ihre-tankstelle. Zugegriffen: 04. April 2021.

Esch, F.-R., & Knörle, C. (2016). Omni-Channel-Strategien durch Customer- Touchpoint-Management erfolgreich realisieren. In L. Binckebanck & R. Elste (Hrsg.), *Digitalisierung im Vertrieb: Strategien zum Einsatz neuer Technologien in Vertriebsorganisationen* (1. Aufl., S. 123–137). Springer Gabler.

Esch, F.-R. (2019). *Handbuch Markenführung.* Springer.

FAM (2018). Fachverband Ambient-Media. *TouchPoints 2018.* Köln.

FAW (2013). Fachverband Außenwerbung e.V. *Eine für Alles: Die Media-Analyse "MA-Plakat" und ihr Kontaktwert PpS.* Frankfurt a. M..

FAW (2018). Fachverband Außenwerbung e.V. *Trendanalyse 2018: Wahrnehmung und Relevanz von Medien am Point of Sale.* Frankfurt a. M..

FAW (2019). Fachverband Außenwerbung e.V. *Trendanalyse Verkehrsmedien 2019: Wahrnehmung von Werbung im ÖPNV.* Frankfurt a. M..

FAW (2020a). Fachverband Außenwerbung e.V. *ROI-Studie OOH 2020. Meta-Analyse zu Wirkung Effizienz von Out of Home im Mediamix.* Frankfurt a. M..

FAW (2020b). Fachverband Außenwerbung e.V. *Trendanalyse 2000 Plakat: Wahrnehmung und Wirkung von klassischer Plakatwerbung.* Frankfurt a. M..

FAW (2021). Fachverband Außenwerbung e.V. (18. Januar 2021). *IndA - Informations-Datenbank-Außenwerbung: Frequenzatlas für Deutschland.* https://www.faonline.de/ inda/. Zugegriffen: 04. April 2021

FAW (n.d.). Fachverband Außenwerbung e.V. *Formate Plakat: Alle Formate im Überblick.* https://faw-ev.de/out-of-home-medien-plakatwerbung/#formate. Zugegriffen: 04. April 2021.

FDW Werbung im Kino e.V. (2014). *Gehört Kinowerbung zu einem Kinobesuch einfach dazu oder stört diese eher?* Köln.

FDW Werbung im Kino e.V. (2019). *Der Kinobesucher als Konsument Ergebnisse der Studie b4p 2019.* Köln.

FFA (2021). Filmförderungsanstalt. *Das Kinoergebnis 2020*. Berlin.

Fraunberg, A. von (2017b). *Herausforderung Airport Media: „Die Mühe lohnt sich": Interview mit Media-Experte David Rusch*. https://www.wuv.de/specials/airport_4_0/herausforderung_airport_media_die_muehe_lohnt_sich. Zugegriffen: 04. April 2021.

Fraunberg, A. von (2021). Gekommen um zu bleiben. *OOH!* (01), 32–35.

Fraunberg, A. von. (2017a). *Flughafenwerbung: 6 Gründe für Werbung am Flughafen*. https://www.wuv.de/specials/airport_4_0/6_gruende_fuer_werbung_am_flughafen. Zugegriffen: 04. April 2021.

Fuchs, W., & Unger, F. (2014). *Management der Marketing-Kommunikation*. Springer Gabler.

Gelbrich, K., Wünschmann, S., & Müller, S. (2018). *Erfolgsfaktoren des Marketing* (2. Aufl.). Vahlen.

Gizycki von, V. & Elias, C. A. (2018). *Omnichannel Branding. Digitalisierung als Basis erlebnis- und beziehungsorientierter Markenführung*. Wiesbaden: Springer Gabler.

Google. (2021). *Zero Moment of Truth (ZMOT)*. https://www.thinkwithgoogle.com/marketing-strategies/micro-moments/zero-moment-truth/. Zugegriffen: 04. April 2021.

Görland, S. O. (2020). *Medien, Zeit und Beschleunigung: Mobile Mediennutzung in Interimszeiten*. Springer VS.

Gunkel, C. (2016). *Reklamekönig Ernst Litfaß: Der Mann mit den 50.000 Denkmälern*. https://www.spiegel.de/geschichte/ernst-litfass-zum-200-geburtstag-des-erfinders-der-litfasssaeule-a-1076428.html. Zugegriffen: 04. April 2021.

Günther, V. (2019a). *Fahrgastfernsehen: Wo Menschen verweilen und Werbung schauen*. https://www.horizont.net/medien/nachrichten/fahrgastfernsehen-wo-menschen-verweilen-und-werbung-schauen-179072. Zugegriffen: 04. April 2021.

Günther, V. (2019b). *Cittadino: Wenn die Reise zur Customer Journey wird*. https://www.horizont.net/medien/nachrichten/cittadino-wenn-die-reise-zur-customer-journey-wird-179074. Zugegriffen: 04. April 2021.

Günther, V. (2019c). *Programmatic DOOH: Durchbruch für automatisierte Kampagnen*. https://www.horizont.net/medien/nachrichten/programmatic-dooh-durchbruch-fuer-automatisierte-kampagnen-179150. Zugegriffen: 04. April 2021.

Günther, V. (2019d). *Best Case Programmatic DOOH: Wie der Europapark Rust in Echtzeit Kunden aus dem hohen Norden anlocken will*. https://www.horizont.net/medien/nachrichten/best-case-programmatic-dooh-wie-der-europapark-rust-in-echtzeit-kunden-aus-dem-hohen-norden-anlocken-will-179084. Zugegriffen: 04. April 2021.

Helm, R. (2009). *Strategische Analyse und marktorientierte Umsetzung* (8. Auflage). *Grundwissen der Ökonomik: Bd. 919*. Stuttgart: Lucius & Lucius.

Heun, T. (2017). *Werbung*. Springer Gabler.

Hofe, K. G. & Rost, M. (Hrsg.). (2005). *Außenwerbung: Wer macht was? Wie geht es? Was kostet es?* (3., aktualisierte und erweiterte Ausgabe). Freiburg: creativ collection.

Hoffmann, K. (1999). Außenwerbung. In M. Geffken (Hrsg.), *Das große Handbuch Werbung* (S. 469–476). Landsberg am Lech: mi Verl. Moderne Industrie.

Hofsäss, M.; Engel, D. (2003). *Praxishandbuch Mediaplanung. Forschung, Studien und Werbewirkung, Mediaagenturen und Planungsprozess, Mediagattungen und Werbeträger*. Berlin: Cornelsen.

Holland, H. & Wengerter, L. (2012). Crossmedia – Integration von Online und Offline im Dialogmarketing. In B. Hoefner (Hrsg.), *Research. Dialogmarketing Perspektiven 2011/2012:*

Tagungsband 6. wissenschaftlicher interdisziplinärer Kongress für Dialogmarketing (S. 65–92). Wiesbaden: Gabler Verlag.

Homburg, C. (2020). *Marketingmanagement: Strategie - Instrumente - Umsetzung - Unternehmensführung* (7. Aufl.). Springer Gabler.

Huber, A. (2016). *Marketing* (3. Auflage). *Vahlens Kurzlehrbücher*. München: Vahlen.

Hubik, F. (2017). *Vom Tiger im Tank zu Rewe to Go: Tankstellenwerbung im Wandel*. https://www.handelsblatt.com/unternehmen/energie/tankstellenwerbung-im-wandel-vom-tiger-im-tank-zu-rewe-to-go/20437760-all.html. Zugegriffen: 04. April 2021.

IRI (2020). Information Resources Inc. (2020). *Lebensmitteleinzelhandel Grundgesamtheiten 2020 Deutschland*. Düsseldorf.

Kleinjohann, M. (2020). *Marketingkommunikation mit Acoustic-Branding. Planung, Einsatz und Wirkung von Stimme, Ton und Klang für die Corporate Identity*. Springer Gabler.

Kleinjohann, M. (2021). *Marketingkommunikation mit Corporate Architecture. Planung, Einsatz und Wirkung von Architektur für die Corporate Identity*. Springer Gabler.

Kloss, I. (2012). *Werbung: Handbuch für Studium und Praxis (5., vollständig* (überarbeitete). Vahlen.

Kotler, P., Armstrong, G., Harris, L. C. & Piercy, N. (2019). Grundlagen des Marketing. (7., aktualisierte Auflage) München: Pearson.

Kotler, P., Keller, K. L., & Opresnik, M. O. (2017). *Marketing-Management: Konzepte - Instrumente - Unternehmensfallstudien (15* (aktualisierte). Pearson.

Kraftfahrtbundesamt. (2020). https://www-genesis.destatis.de/genesis/online?operation=abr uftabelleBearbeiten&levelindex=1&levelid=1605794182692&auswahloperation=abruft abelleAuspraegungAuswaehlen&auswahlverzeichnis=ordnungsstruktur&auswahlziel= werteabruf&code=46251-0001&auswahltext=&werteabruf=Werteabruf#abreadcrumb. Zugegriffen: 04. April 2021.

Kreutzer, R. T. (2019). *Online-Marketing*. Springer Nature.

Kuß, A., & Kleinaltenkamp, M. (2016). *Marketing-Einführung. Grundlagen – Überblick – Beispiele. (7* (überarbeitete). Springer Gabler.

Lafley, A. G. (2006). *P&G Annual Report 2006*. Cincinnati.

Leitherer, J. (2019). *Was Außenwerbung künftig bieten muss*. https://www.springerprofess ional.de/out-of-home/marketingkommunikation/was-Außenwerbung-jetzt-und-kuenftig-bieten-muss/16380906. Zugegriffen: 04. April 2021.

Marx, A. (2012). *Media für Manager: Was Sie über Medien und Media-Agenturen wissen müssen (2., aktualisierte und* (überarbeitete). Springer Gabler.

Meffert, H., Burmann, C., Kirchgeorg, M., & Eisenbeiß, M. (2018). *Marketing: Grundlagen marktorientierter Unternehmensführung: Konzepte - Instrumente - Praxisbeispiele* (13. Aufl.). Springer Gabler.

Mehn, A., & Wirtz, V. (2018). Stand der Forschung – Entwicklung von Omnichannel-Strategien als Antwort auf neues Konsumentenverhalten. In I. Böckenholt, A. Mehn, & A. Westermann (Hrsg.), *Konzepte und Strategien für Omnichannel-Exzellenz: Innovatives Retail-Marketing mit mehrdimensionalen Vertriebs- und Kommunikationskanälen* (S. 3–35). Springer Gabler.

MWV (2020). Mineralölwirtschaftsverband e.V. *Jahresbericht 2020: Clean fulls for all*. Berlin.

Rieber, D. (2017). *Mobile Marketing: Grundlagen, Strategien, Instrumente*. Springer Gabler.

Riemscha, M. B., & Siegert, G. (2015). *Medienökonomie: Eine problemorientierte Einführung*. Springer VS.

Rittinger, S. (2014). *Multi-Channel Retailing: Prinzip, Konzepte und Erfolgsfaktoren*. Springer Gabler.

Scharf, A., Schubert, B., & Hehn, P. (2015). *Marketing: Einführung in Theorie und Praxis* (1. Aufl.). Schäffer Poeschel.

Scheuch, F. (2007). *Marketing* (6. Aufl.). Vahlen.

Schloßbauer, S. (1998). *Handbuch der Außenwerbung* (2. Aufl.). Verlag MD.

Schüller, A. M. (2015). *Touchpoints: Auf Tuchfühlung mit dem Kunden von heute: Managementstrategien für unsere neue Businesswelt* (6. Aufl.). GABAL.

Schüller, A. M. (2016). *Touch. Point. Sieg: Kommunikation in Zeiten der digitalen Transformation* (2. Aufl.). GABAL.

Schulte, S. & Schwarz, T. (2019). *Leitfaden Customer Experience: Wie positive Erlebnisse Kunden binden* (1. Auflage). Waghäusel: marketing-Börse.

Schweiger, G. (2016) Crossmediawerbung und ihre Wirkung. In: Siegert, G., Wirth, W., Weber, P. & Lischka, J. A.: *Handbuch Werbeforschung* (S. 299 – 318). Wiesbaden: Springer VS.

Siegert, G., & Brecheis, D. (2017). *Werbung in der Medien- und Informationsgesellschaft: Eine kommunikationswissenschaftliche Einführung* (3. Aufl.). Springer VS.

Stafflage, M. (2015). *In-store Mobile Marketing-Kommunikation. Schriftenreihe Research – Kundenmanagement & Electronic Commerce*. Wiesbaden: Springer Fachmedien.

Statista (2019a). *Urbane Mobilität*. ID 68905. Hamburg.

Statista (2019b). *Größte Parkhausbetreiber in Deutschland nach Parkplatzangebot 2019*. ID 254471. Hamburg.

Statista (2020a). *Tankstellenmarkt*. ID 26070. Hamburg.

Statista (2020b). *Wintertourismus*. ID 23699. Hamburg.

Statista (2020c). *Fitnessbranche*. ID 6326. Hamburg.

Statista (2020d). *Einzelhandelsimmobilien*. ID 58998. Hamburg.

Statistisches Bundesamt. (2020). *Unternehmen, Beschäftigte, Umsatz und weitere betriebs- und volkswirtschaftliche Kennzahlen im Einzelhandel*. https://www-genesis.destatis.de/genesis/online?operation=previous&levelindex=1&step=1&titel=Ergebnis&levelid=160 6747652226&acceptscookies=false#abreadcrumb. Zugegriffen: 04. April 2021.

Ströer (2019). *Edgar Ambient Media Group*. Neuer Name für den Marktführer im deutschen Ambient Media Segment. https://www.stroeer.de/blog/stroeer-news/edgar-ambient-media-group.html. Zugegriffen: 04. April 2021.

Ströer (n.d.). *Bahnhofsmedien*. https://www.stroeer-direkt.de/nc/werbemedien/kategorie/bahnhofsmedien/werbemedien/Product/list.html. Zugegriffen: 04. April 2021.

Swoboda, B., Foscht, T., & Schramm-Klein, H. (2019). *Handelsmanagement: Offline-, Online- und Omnichannel-Handel* (4. Aufl.). Vahlen.

Tank & Rast (n. d.). Tank & Rast-Gruppe. https://tank.rast.de/unternehmen.html. Zugegriffen: 04. April 2021.

Thieme, T. (2019). *„Viele Kunden wissen nicht, wie sie DOoH einsetzen können"*. https://www.absatzwirtschaft.de/viele-kunden-wissen-noch-nicht-wie-sie-dooh-einsetzen-koennen-164266/. Zugegriffen: 04. April 2021.

TMC (2017). The Media Consultants. *Ambient Meter 2017*. Wien.

Tomczak, T., Kuß, A., & Reinecke, S. (2014). *Marketingplanung: Einführung in die marktorientierte Unternehmens- und Geschäftsfeldplanung. (7* (überarbeitete). Springer Gabler.

Velten, A.-K. (2020). *Wie Uber Werbung auf seinen Fahrzeugen schalten will.* https://www.abs atzwirtschaft.de/wie-uber-werbung-auf-seinen-fahrzeugen-schalten-will-170731/. Zuge-griffen: 04. April 2021.

Voeth, M., & Herbst, U. (2013). *Marketing-Management: Grundlagen, Konzeption und Umsetzung* (1. Aufl.). Schäffer Poeschel.

VuMA (2020). Verbrauchs- und Medienanalyse. *Konsumenten punktgenau erreichen: Basis-informationen für fundierte Mediaentscheidungen VuMA Touchpoints.* Frankfurt a. M., Hamburg, Mainz.

Wächter, M. (2016). *Mobile Strategy. Marken- und Unternehmensführung im Angesicht des Mobile Tsunami.* Springer Gabler.

WallDecaux. (2020). *Sommer, Sonne.* Berlin: DrAußen sein.

WallDecaux. (n.d.a). *Kompendium Out-of-Home & Mobile Media.* Berlin.

WallDecaux. (n.d.b). *Out of Home & TV.* Media Insights 02. Berlin.

Weischer Media. (2021). *Außenwerbung für jedes Budget.* https://weischer.media/de/de/ Außenwerbung/blickwinkel/Außenwerbung-f%C3%BCr-jedes-budget/. Zugegriffen: 04. April 2021.

Winter, K. (2021). Massenmedium im besten Sinne. *OOH!* (01), 26–31.

Wirtz, B. W. (2013). *Multi-Channel-Marketing: Grundlagen, Instrumente, Prozesse* (2. Aufl.). Springer Gabler.

Zukunftsinstitut. (2021). *Megatrends: Alle Megatrends.* https://www.zukunftsinstitut.de/dos sier/megatrends/. Zugegriffen: 04. April 2021.

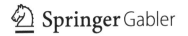

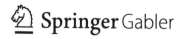

Printed in the United States
by Baker & Taylor Publisher Services